企·业·家 QIYEJIA

传媒大亨
默多克

吴静娜 编著

辽海出版社

图书在版编目(CIP)数据

传媒大亨默多克 / 吴静娜编著. —沈阳：辽海出版社，2017.5
ISBN 978-7-5451-4200-6

Ⅰ.①传… Ⅱ.①吴… Ⅲ.①默多克(Murdoch, Keith Rupert 1931-)-传记 Ⅳ.①K836.115.42

中国版本图书馆 CIP 数据核字(2017)第 136847 号

责任编辑：孙德军　王钦民
封面设计：李　奎

出版者：辽海出版社
　地　　址：沈阳市和平区十一纬路 25 号
　邮　　编：110003
　电　　话：024-23284381
　E-mail：dszbs@mail.lnpgc.com.cn
　http://www.lhph.com.cn
印刷者：北京一鑫印务有限责任公司
发行者：辽海出版社

幅面尺寸：155mm×220mm
印　　张：14
字　　数：218 千字

出版时间：2017 年 7 月第 1 版
印刷时间：2017 年 8 月第 1 次印刷
定　　价：29.80 元

《世界名人传记文库》编委会

主　编　　游　峰　　姜忠喆　　蔡　励　　竭宝峰　　陈　宁　　崔庆鹤
副主编　　闫佰新　　季立政　　单成繁　　焦明宇　　李　鸿　　杜婧舟
编　委　　蒋益华　　刘利波　　宋庆松　　许礼厚　　匡章武　　高　原
　　　　　　袁伟东　　夏宇波　　朱　健　　曹小平　　黄思尧　　李成伟
　　　　　　魏　杰　　冯　林　　王胜利　　兰　天　　王自和　　王　珑
　　　　　　谭　松　　马云展　　韩天骄　　王志强　　王子霖　　毕建坤
　　　　　　韩　刚　　刘　舫　　宫晓东　　陈　枫　　华玉柱　　崔　武
　　　　　　王世清　　赵国彬　　陈　浩　　芝　罴　　姜钰茜　　全崇聚
　　　　　　李　侠　　宋长津　　汪　裴　　张家瑞　　李　娟　　拉巴平措
　　　　　　宋连鸿　　王国成　　刘洪涛　　安维军　　孙成芳　　王　震
　　　　　　唐　飞　　李　雪　　周丹蕾　　郭　明　　王毓刚　　卢　瑶
　　　　　　宋　垣　　杨　坤　　赖晖林　　刘小慈　　张家瑞　　韩　兆
　　　　　　陈晓辉　　鲍　慧　　魏　强　　付　丽　　尹　丛　　徐　聪
　　　　　　主勇刚　　傅思国　　韩军征　　张　铧　　张兴亚　　周新全
　　　　　　吴建荣　　张　勇　　李沁奇　　姜秀云　　姜德山　　姜云超
　　　　　　姜　忠　　姜商波　　姜维才　　姜耀东　　朱明刚　　刘绪利

	冯　鹤	冯致远	胡元斌	王金锋	李丹丹	李姗姗
	李　奎	李　勇	方士华	方士娟	刘干才	魏光朴
	曾　朝	叶浦芳	马　蓓	杨玲玲	吴静娜	边艳艳
	德海燕	高凤东	马　良	文　夫	华　斌	梅昌娅
	朱志钢	刘文英	肖云太	谢登华	文海模	文杰林
	王　龙	王明哲	王海林	台运真	李正平	江　鹏
	郭艳红	高立来	冯化志	冯化太	危金发	仇　双
	周建强	陈丽华	叶乃章	何水明	廖新亮	孙常福
	李丽红	尹丽华	刘　军	熊　伟	张胜利	周宝良
	高延峰	杨新誉	张　林	魏　威	王　嘉	陈　明
总编辑	马康强	张广玲	刘　斌	周兴艳	段欣宇	张兰爽

总　序

我们每个人心中都有自己崇拜的名人。这样可以增强我们的自信心和自我认同感，有益于人格的健康发展。名人活在我们的心里，尽管他们生活在不同的时代、不同的国度、说着不同的语言，却伴随着我们的精神世界，遥远而又亲近。

名人是充满力量的榜样，特别是当我们平庸或颓废时，他们的言行就像一触即发的火药，每一次炸响都会让我们卑微的灵魂在粉碎中重生。

名人带给我们更多的是狂喜。当我们迷惘或无助时，他们的高贵品格就如同飘动在高处的旗帜，每次招展都会令我们幡然醒悟，从而畅快淋漓地感受生命的真谛。只要我们把他们视为精神引领者和行为楷模，就会不由自主地追随他们，并深刻感受到精神的强烈震撼。

当我们用最诚挚的心灵和热情追随名人的足迹，就是选择了一个自我提升的最佳途径，并将提升的空间拓展开来。追随意味着发现，发现名人的博大精深，发现时代赋予我们的使命，发现最真实的自我；追随意味着提升，置身于名人精神的荫蔽之下，我们就像藤蔓一般沿着名人硕大粗壮的树干攀援上升，这将极大地缩短我们在黑暗中探索的时间，从而踏上光明的坦途。

不要说这是个崇尚独立思考的年代,如果我们缺乏敬畏精神,那么只能让个性与自由的理念艰难地生长;不要说这是个无法造就伟人的年代,生命价值并不在于平凡或伟大。如果在名人的引领下,读懂平凡世界中属于自己的那本书,就能够成为最好的自己。

名人从芸芸众生中脱颖而出,自有许多特别之处。我们追溯名人成长的历程,虽然每位人物的成长背景都各不相同,但或多或少都具有影响他们人生的重要事件,成为他们人生发展的重要契机,并获得人生的成功。

名人有成功的契机,但他们并非完全靠幸运和机会。机遇只给有准备的人,这是永远的真理。因此,我们不要抱怨没有幸运和机遇,不要怨天尤人,我们要做好思想准备,开始人生的真正行动。这样,才会获得人生的灵感和成功的契机。

我们说的名人当然是指对世界和人类做出突出贡献的伟大人物,他们包括著名的政治家、军事家、发明家、文学家、艺术家、思想家、哲学家、企业家等。滚滚历史长河,阵阵涛声如号,是他们,屹立潮头,掀起时代前进的浪花,浓墨重彩地描绘着人类的文明和无限的未来,不断开创着辉煌的新境界和新梦想,带领我们走向美好的明天。

政治家是指那些在长期政治实践中涌现出来的具有一定政治远见和政治才干、掌握权力,并对社会发展起着重大影响作用的领导人物。军事家是指对军事活动实施正确指引或是擅长具体负责军事行动实施的人,一般包括战略军事家和战术军事家。

政治家、军事家大多充满了文韬武略,能够运筹帷幄,曾经叱咤风云,纵横天地,创造着世界,书写着历史,不断谱写着人类的辉煌篇章,为人们留下了许多宝贵的精神财富和物质财富。

科学发明家是指专门从事科学研究和发明,并做出了杰出贡献的人士。他们从事着探索未知、发现真相、追求真理、改造世界和造福人类的大学问。他们都有献身、求实、严谨和持之以恒的精神，都具有一颗好奇心。从好奇心出发，他们希望探知事物规律，具有希望看到事物本质一面的强烈意识与探索激情。还有就是他们都有恒心，他们在科学研究中不断努力，努力，再努力，锲而不舍，具有永不止步的追求精神。

文学家是指以创作文学作品为自己主要工作的知名人士和学者等。其中，诗人是指诗歌的创作者，小说家指小说创作者，散文家指散文创作者，而文学家则是指在诗歌、小说、散文、戏剧等各种文学体裁领域均取得一定成就的创作者，他们是人类精神财富的创造者。

艺术家是指具有较高审美能力和娴熟创作技巧并从事艺术创作劳动而具有一定成就的艺术工作者。进行艺术作品创作活动的人士，通常指在绘画、表演、雕塑、音乐、书法及舞蹈等艺术领域具有比较高的成就，并具有了一定美学造诣的人。他们是生活中美的发现者和创造者，极大地丰富着我们的生活。

哲学家、思想家是指对客观现实的认识具有独创见解并能自成体系的人士。思想主要是用言语和符号来表达的，而致力于研究思想并且形成思想体系的人就是哲学家、思想家。他们用独到的思想解决生活中遇到的问题，且在此过程中逐渐认识自我与宇宙，以此解决人们思想认识上矛盾迷惑的问题。他们是我们人类灵魂的工程师，塑造着我们的人格，探讨所有人类重要的问题和观念，并创造出一种思考和思想的能力，闪烁着智慧的光芒，照耀着人类前进的步伐，推动着人类思想和精神不断升华，使人类不断摆脱低级状态，不断走向更高境界。人是有思想和精神的高级动物，因此，哲学家和思想家是人类不可或缺的，是我们人类的伟大导师。

企业管理家是最直接创造财富的人。他们创造物质财富,推动社会不断进步,使得人们更加幸福。财富虽然只是一个象征,但它与人们的生活、国家的发展、民族的强盛等息息相关。企业家也创造巨大的精神财富,他们在追求财富过程中所表现出来的创新、冒险、合作、敬业、学习、执著、诚信和服务等精神,是我们每一个人学习的榜样。

我们追踪这些名人成长发展过程中的主要事件,就会发现他们在做好准备进行人生不懈追求的进程中,能够从日常司空见惯的普通小事上,碰撞出思想的火花,化渺小为伟大,化平凡为神奇,从而获得灵感和启发,获得伟大的精神力量,并进行持久的人生追求,去争取获得巨大的成功。

影响名人成长的事件虽然不一样,但他们在一生之中所表现出来的辛勤奋斗和顽强拼搏的精神,则大同小异。正如爱迪生所说:"伟大人物最明显的标志,就是他们拥有坚强的意志,不管环境怎样变化,他们的初衷与希望永远不会有丝毫的改变,他们永远会克服一切障碍,达到他们期望的目的。"

爱默生说:"所有伟大人物都是从艰苦中脱颖而出的。"因此,伟大人物的成长也具有其平凡性。正如日本著名歌人吉田兼好所说:"天下所有伟大人物,起初都是很幼稚且有严重缺点的,但他们遵守规则,重视规律,不自以为是,因此才成为名家并进而获得人们的崇敬。"所以,名人成长也具有其非凡之处,这才是我们应该学习的地方。

英国著名哲学家培根说:"用伟大人物的事迹激励青少年,远胜于一切教育。"为此,本套作品荟萃了古今中外各行各业最具有代表性的名人,阅读这些名人的成长故事,探知他们的人生追求,感悟他们的思想力量,会使我们从中受到启迪和教育,让我们更好地把握人生的关键,让我们的人生更加精彩,生命更有意义。

简　介

鲁伯特·默多克（Rupert Murdoch），1931年3月11日出生于澳大利亚墨尔本以南的一个农场，毕业于牛津大学。

鲁伯特·默多克的父亲凯恩·默多克是澳大利亚《先驱报》和《新闻周刊》的董事长。1952年他父亲去世后默多克继承了阿德莱德的小报，也就是《新闻报》。短短的三四十年间将其发展为跨越欧、美、亚、澳几大洲，涉足广播、影视、报业等领域的传播媒介帝国。

在他的旗下，既有久负盛名的英国《泰晤士报》，也有美国电影界的大腕级电影公司，20世纪福克斯公司。他本人也成为新闻界屈指可数的人物之一。

他的事业还在不断向全世界发展。他是新闻集团的主要股东、董事长兼行政总裁。以股票市值来计算，新闻集团已是世界上最大的跨国媒体集团。

早在20世纪70年代，他在澳大利亚已拥有悉尼电视第十台、墨尔本电视第十台和安塞航空公司50%的股权，并经营欢乐唱片公司和图书公司等。在国外几年的发展更是突飞猛进。

1983年首先在伦敦买下一家卫星电视公司69%的股权，接着在美国收购了好莱坞"20世纪福克斯公司"的一半股权。

1985年又以15亿美元收购美国第四大电视集团"都城媒介公

司"属下的纽约、洛杉矶、芝加哥、休斯敦、达拉斯和华盛顿六家地方电视台,从而以"默多克旋风"轰动了西方世界。

默多克的收购步伐40年来一直没有停止,现在他掌管的新闻集团净资产超过400亿美元,涵盖电影、电视节目、无线电视、有线电视广播、卫星电视和报纸、杂志、书籍出版以及数字广播、加密和收视管理系统开发。

默多克控制了澳大利亚2/3的报纸,英国《太阳报》《泰晤士报》等40%的报纸。他还拥有英国的星空电视台、美国福克斯电视网、香港亚洲卫视。

在互联网时代到来后,默多克与日本公司合办的用于拓展互联网投资的金融企业"软银",也为他带来了丰厚的利益。

默多克和他建立的新闻集团在传媒行业里有举足轻重的影响力。默多克所创建的新闻集团是当今世界上规模最大、国际化程度最高的综合性传媒公司之一。

默多克从来不逃避任何挑战,所有跟他竞争的对手都纷纷败下阵来,默多克经营的传媒集团影响深远。

默多克,这位传媒产业巨头,以他独特的执着强硬和精明圆滑、赌徒般的冒险精神和不服输的辛勤耕耘为自己赢得了巨大的成功,同时也引起了巨大的争议。

在他被尊称为全球性媒体新闻集团首领的同时,更被许多人看作恶魔的化身。众说纷纭的背后是,人们想了解他,但同时人们又非常缺乏对他的了解,或许是默多克身上存在的多种因子,有偏执、有理性,还富于冒险精神,多方面的性格让默多克成为一个复杂的个体,默多克是多层次的,无法评价。

于是,为默多克写传记的作家威廉·肖克罗斯也只能用这么一句话评价:"他是地球上最强大的人之一"。

目　录

来自家族的影响 …………………………… 001
漫长的求学生涯 …………………………… 007
父亲事业继承人 …………………………… 012
旷日持久的官司 …………………………… 018
第一次面临挑战 …………………………… 025
首次进军电视业 …………………………… 029
创办全澳洲报纸 …………………………… 034
接管《世界新闻报》………………………… 044
大刀阔斧的改革 …………………………… 053
打响美国第一战 …………………………… 057
《纽约邮报》的主人 ………………………… 063
被迫放弃《纽约邮报》……………………… 070
拯救波士顿危机 …………………………… 076
收购《泰晤士报》…………………………… 081
与政治人物结盟 …………………………… 092
计划进军好莱坞 …………………………… 102
获得最大电影公司 ………………………… 107

电视集团的诞生 …………………………… 111
取得印刷革命胜利 ………………………… 117
告慰父亲在天之灵 ………………………… 125
与多年老对手过招 ………………………… 134
创办星空电视台 …………………………… 145
深陷债务危机 ……………………………… 153
控制足球联赛 ……………………………… 164
看中香港传媒业 …………………………… 170
出师日本传媒界 …………………………… 176
婚姻好像过山车 …………………………… 183
长子拉克兰辞职 …………………………… 190
叛逆儿子詹姆斯 …………………………… 194
副手担任接班人 …………………………… 199
大权会花落谁家 …………………………… 204
附：年　谱 ………………………………… 208

来自家族的影响

1843年5月，苏格兰教会的450名牧师和一些神学院的学生，因不满英国王室对教会的控制，在一个名叫托马斯·查尔默的苏格兰福音派领袖的领导下成立了新教派。这个新教派就是福音派。它的势力发展迅速。

由群众捐款修建的新教堂高达220座，能够接纳更多的信徒使用，在满足他们的宗教需求的牧师的领导下，福音派宣布同苏格兰教会彻底断绝关系，并组织成立了自由苏格兰教会，从而震惊了整个基督教世界。

在这些激进的"反叛者"中，有一位名叫詹姆斯·默多克的牧师，生于1817年，在那场轰轰烈烈的"反叛"运动达到高潮时，他才26岁，正值血气方刚的青年时期。

他也是与其他牧师一样，自愿放弃了薪金和教堂，住到了临时搭建的简陋住所里的。在1843年那个寒冷难耐的冬天，他眼睁睁地看着他的许多同伴先后死于贫困。

詹姆斯·默多克和他的儿子帕特里克都是19世纪后半期自由

教会的成员。这些持不同政见者依靠世界各地长老会支持者的捐赠,建立了数百座教堂和学校,另起炉灶创立了一个长老派教会。他们挑战处于统治地位的苏格兰教会和英国政府并取得了胜利。

帕特里克成长的文化是加尔文主义的,非常民主,讲究实际和充满活力。他成为伦敦一个颇有影响力的传道士的助手。

1878年,帕特里克被委任为阿伯丁郡一个小渔村克鲁登的牧师。1882年,当了4年牧师后,帕特里克与安妮·布朗成婚。他在1884年接受澳大利亚墨尔本自由教会的邀请,去澳大利亚的墨尔本活动。当时,苏格兰向南方大陆的移民活动正方兴未艾。

1884年10月,他随着移民的大潮,举家迁移到墨尔本。这时距英国的第一批囚犯被流放到澳大利亚东南部新南威尔士正好100年。

随着19世纪的结束,世人已逐渐习惯于使用电话和收音机,这一类比较先进的通信工具。但是,澳大利亚作为新开拓的殖民地,才刚刚通过电报与北半球连接起来。

在通电报之前,各家报社在悉尼港的入口处索思赫德设立瞭望哨,等待船只的到来,争抢海外最新的新闻。各家报社常常发动着一艘捕鲸小艇,飞快地驶到进港的轮船旁抢夺邮包和海外报纸。这些东西用马驮着匆匆运进城里,然后尽快地将收集到的新闻进行加工编写和出版。

帕特里克·默多克的蓝砂岩石教堂位于威廉大街和朗斯代尔夫街的街角处,他是一位热情洋溢的布道者,不喜欢冗长的布道。在到此地3年后,他迁往墨尔本的郊区坎伯韦尔的三一教堂,继续当牧师直至1928年12月31日退休。

12年后帕特里克·默多克去世了。

帕特里克·默多克是个世俗之心很重的人，他沉醉于教会和国家的政治活动中。帕特里克是新闻自由的坚定支持者。他把它称之为"暴政可能最强大的敌人"，并说："没有哪一个独裁者能够容忍他的人民对他的行为进行自由的议论和广泛的宣传。"

帕特里克和安妮·布朗生有7个孩子。凯恩是第二个儿子，排行第三，生于1885年8月12日。由于这个孩子口吃厉害，说话总是断断续续的，经常被伙伴们嘲笑。这让凯恩感到非常痛苦，他的童年和青年时代也因此而很不幸福。

中学毕业后，凯恩决定不上大学了，他告诉父亲他有从事新闻业的强烈愿望。他的父亲没有表示支持，但他还是与教区的一位知名人士墨尔本《时代报》的老板戴维·赛姆提起儿子想从事新闻行业的这件事。赛姆很给朋友面子，他给这个叫凯恩的小伙子安排了一份采访莫尔文中产阶级郊区的工作。

凯恩工作勤奋，他发现他的口吃赢得了他采访人的同情。他生活节俭，甚至可以说是非常清苦。为了能够在伦敦的伦敦经济学院学习并治愈口吃，他努力节省每一分钱。

至1908年，他终于积攒了500英镑，足够买一张去伦敦的船票和支付一年的生活费。

到伦敦后，凯恩对伦敦的环境感到非常失望。他特别想家，别人给他写的引荐信毫无帮助，而且他发现根本无法跻身英国新闻界或治愈他的口吃。他孤身一人生活，自己在环形轻便煤气炉上用袖珍折刀烤面包吃。他越来越想念他的家人。

1910年，凯恩回到墨尔本，他依然口吃。1912年，他成为悉尼一家活泼的晚报《太阳报》驻墨尔本议会的记者。他对政治的兴趣日渐强烈。

1915年，澳大利亚和新西兰军团的两个师在达达尼尔海峡加利波利的一个荒凉的岩岸登陆。他们遭到了由穆斯塔法·凯末尔指挥的土耳其军队的沉重打击，伤亡人数约16000人。谁应该承担责任？许多澳大利亚人认为英国人难辞其咎。这是传说的第一部分，而第二部分是，只有凯恩·默多克准备说出事实真相。

这个故事基本上是这么说的：年轻的凯恩·默多克是一位勇敢的战地记者。他奋不顾身地来到加利波利海滩，不禁被士兵们的痛苦和英国人的指挥无能惊呆了。

他公然违抗英国的新闻检查，报道事情的全部真相。结果，英国的总指挥官被撤职，与土耳其的战争被停止并成立一个皇家委员会来调查此次战争。有时候人们甚至说，凯恩·默多克导致了英国政府的垮台。

诺斯克利弗成了凯恩·默多克的好朋友，他对凯恩的生活产生了最重要的影响。他们之间的关系既是朋友，又情同父子。诺斯克利弗让凯恩担任了联合电报公司的伦敦分部的编辑，年薪1200英镑，合同期限是3年。

凯恩的工作非常出色，并且把新闻业务扩展到了印度和南非。同事们都认为他是一个雄心勃勃、热情奔放的澳大利亚人。

至1920年，凯恩引起了墨尔本《先驱报》和《泰晤士周报》公司总裁的注意。公司总裁给他提供了《先驱报》编辑职位，年薪2000英镑。诺斯克利弗敦促他的门徒接受了这一职位。

《先驱报》最初是一份早报。1869年，戴维·西姆买下了它。将其改为晚报后又卖掉了，因为他自己有一份早报，名叫《时代报》，这样一买一卖，就等于消灭了一个竞争对手。

当凯恩接手时，《先驱报》的发行量达到约10万份。这份报纸没有多少竞争力，它的版面设计很差劲，文章缺乏特有的风格，让人读起来很枯燥，不充实，并且不重视新闻版面的内容。

在凯恩·默多克到来之前，记者们被报纸行业的老板认为是没有多大用处的人，几乎是与"吃闲饭的"画等号。凯恩的到来改变了这些不正常的状况。他认为，记者应当是绅士，而且他自己也试图这样对待他们。

很快，他开始张贴公告，每天批评或表扬某人，让记者们知道，记者的工作是值得人们关注的。当他担任主编后，开始加强《先驱报》商业方面的管理，并按照诺斯克利弗的建议，开设了一个妇女专栏，建立了竞争机制。他压缩了评论的篇幅，使文章灵活、明快。

出于对墨尔本正统势力的蔑视，他甚至进行了一次漂亮的进攻。在他就任编辑的几个月后，在墨尔本的小科林斯大街，出现有一个年轻姑娘遭强奸后，被残忍杀害的事件。

《先驱报》用很大的篇幅报道了这一事件，用大标题，甚至悬赏，要求人们提供破案的线索，这一系列举动极其吸引读者眼球，使报纸的发行量大增。

澳大利亚新闻界的竞争一直是相当激烈的，但凯恩使《先驱报》成为具有竞争实力的一份报纸。

诺斯克利弗到墨尔本拜访了凯恩。在《先驱报》董事会的成员面前，高度地称赞他"为该报纸找到了赚钱的唯一途径"。他说："你们必须支持他，这个年轻的默多克是值得你们支持的。"《先驱报》集团的董事们非常高兴。

1926年，他们让凯恩成为董事会成员。两年后，凯恩又成了执行董事长。

20世纪20年代末,凯恩开始扩张《先驱报》集团帝国。这个集团发行或收购了许多杂志,包括《全球体育》《飞机》《美丽的澳大利亚》和《澳大利亚住房建筑》等。

1929年,该集团又买下了《先驱报》的对手《太阳新闻画报》,这份报纸也成了《先驱报》集团中最盈利的报纸。《先驱报》集团收购了SBD电台,因而也使《先驱报》集团成为澳大利亚第一家进入广播事业的报纸出版商。他还引进了新式的印刷机械,出版了第一份广播画报。

凯恩注意到在美国已经出现了全国范围的报纸"连锁店"经营方式,他也决心在澳大利亚建立起这样的网络。在他的领导下,以《先驱报》为基础的一个辛迪加,先是"接管"了西澳大利亚,然后又在阿德莱德发动了新的"战争"。

经过残酷的竞争,他先是买下了《记事报》,然后"劝降"了早报《广告商报》和晚报《阿德莱德新闻》。他成了《广告商报》的总裁,《广告商报》成了他的传媒界的领地。

漫长的求学生涯

1931年3月11日，午夜，在墨尔本埃文赫斯特私人医院，一个婴儿的哭声让寂静的黑夜变得生动起来。等待在产房外的凯恩爵士一听到孩子的哭声，就急忙跑进去想看孩子。当护士告诉他生了一个男孩时，凯恩欣喜若狂。

1931年3月14日，《世纪报》头版刊出了这则广告：

凯恩·默多克之妻于3月11日午夜在墨尔本埃文赫斯特医院产下一子。

凯恩的这个尚未取名的儿子第一次登上报纸头版，预示着他的一生都将与报纸业难舍难分。他沿用父亲和外公的名字，得名为凯恩·鲁伯特·默多克。让人一听就知道是凯恩爵士和外祖父鲁伯特·格林两家的后代。但人们为避免与他父亲混为一谈，一般称他为鲁伯特·默多克。

因为鲁伯特·默多克是家里唯一的男孩，凯恩·默多克从小就对他寄予了很高的期望。随着凯恩·默多克在报业的成就与日俱增，默多克从很小就注意到父亲的权力，荣誉也随之自然增长。

凯恩爵士经常带默多克到弗林德尔大街《论坛报》的办公室去玩，默多克每次到那里都很兴奋。

新报纸散发出浓浓的油墨气味，印刷机发出隆隆的响声，整个报社的气氛高度紧张。小默多克随意地走动，总能发现新奇的事情。默多克置身其中，感觉非常非常的好，简直是妙不可言。

凯恩要花费许多气力才能劝说他回家。每当回到家，默多克就向他的姐妹炫耀他的经历，眉飞色舞地描述报社的情景，并充满向往地说："出版商的生活是全世界最好的生活。只要小孩子接触它、了解它，毫无疑问都会被它吸引。"

这样的话，引得他的姐妹们经常抱怨父亲偏爱他，姐妹们也缠着父亲要去报社玩。

一到周末，小默多克喜欢躺在他父亲的床上，看他父亲认真地读报纸、做标记、评出好的和差的文章。默多克在他日后的报业生涯中，也学习父亲的好习惯，喜欢通过做标记来区分一些文章的优劣。

1941年，10岁的默多克被送到了寄宿学校。默多克的父亲表示反对，但默多克的母亲却坚持这样做。基隆语法学校的精神对默多克没什么吸引力。没有想到的是，他遇到的人都不喜欢他的父亲。

默多克在学校觉得孤独，这很可能是由他父亲的影响造成的。年少的默多克没少受人欺负。在学校受到排斥对默多克未来的发展产生了很大的影响，它让默多克认识到，如果你要做一位出版商或者传媒的首领，就得靠自己。

默多克渐渐觉得，这种见解正慢慢发生变化。它使默多克认识到，人们不是把自己仅仅视为另外的一个成功的商人或者农民。

在学校里，马斯特曼、克拉克和赫希菲尔德这3位教员成为默多克的良师益友。为了逃避父亲并正在寻找自我的默多克，得到了他们的鼓励和支持。

默多克同马斯特曼的友谊最初是通过马斯特曼的妻子玛格丽特建立起来的。她为默多克修改作文，默多克一直很受老妇人的喜欢，玛格丽特就是其中一位。

一次，马斯特曼要外出休假，默多克赶到他们家，表示为他们干最脏、最累的活，说着便打扫起洗澡间和厕所的卫生。

克拉克使默多克对历史产生兴趣，这种师生关系延续了数十载。克拉克后来一直是《澳大利亚人报》书评专栏的自由撰稿人。

赫希菲尔德把默多克引入艺术和戏剧的殿堂。1946年，默多克在他导演的《暴风雨》中扮演艾里斯。

在这几位老师的影响下，默多克开始参加校园活动和学生社团，并逐渐成为学校里令人瞩目的风流人物。他担任了校报《科利欧信使报》的编辑。

1947年，默多克完成了他在基隆语法学校的学业，但他留下多学了一年，并成了一个创办报纸的人。他创办了他的第一份刊物《假如复生》，作为原文学社团刊物《如果》的续刊，这本杂志在后来发展得很不错。

默多克的办报宗旨是：让所有人畅所欲言。《假如复生》的撰稿人多为学生中的精英人物，他们撰写的文章题材广泛，包罗万象。杂志刊登有关"教育免疫"的专论，有介绍美国女作家格特鲁德·斯坦的论文，有倡导现代艺术的评论，有批判白人种族歧视主义政策的文章。

在前两期刊载的专题中,有一篇未署名文章《为了社会主义事业》,在学校引发了一场关于社会主义的争论。这篇文章可能是出自默多克的手笔。杂志图文并茂,引人入胜。

由于成绩优异,他荣获了"德兰西传播知识奖"。从基隆语法学校毕业后,默多克在《论坛报》做了一名见习记者,专门与警察局和法院打交道。这时父亲的朋友为他在沃瑟斯特学院争取到一个入学名额,父母听说后十分高兴。

凯恩爵士希望他的儿子默多克去牛津接受系统的高等教育,对外面的世界多些了解,学成归来后投身于自己创办的报业,继承家族的事业,开创新的报业生涯。

默多克在牛津大学学习期间有一位很好的朋友,他叫罗哈恩·里韦特。默多克在牛津读书期间几乎把里韦特的家当作是自己的家。里韦特很赏识默多克的性格,在他看来,默多克生机勃勃、充满活力。他非常愿意陪伴默多克。

凯恩为了让儿子适应英国生活环境,便让儿子到英国伯明翰的《伯明翰新闻报》当实习记者。

默多克在《伯明翰新闻报》报社度过了一段美好的时光。报社让他主持"闲话栏目",他没有感到工作特别困难。工作之余,他热衷于参加跑狗比赛。

在当时,跑狗比赛是伯明翰最流行的体育活动,全城男女老少都对它着迷。他经常看见人们仔细阅读报纸中对跑狗比赛的报道。他逐渐注意到体育版是这家当地小报最受欢迎的版面。日后他的报纸、广播和电视积极从事体育报道及转播就是深受这个小发现的影响。

1950年10月，默多克离开伯明翰，去了沃瑟斯特学院。第二次世界大战中，英国大多数大学生没有毕业就去军队服役，然后其中的一些人在战后重新回到学校学习，社会的磨炼使他们成熟了。对于这个离开学校不久、年轻的澳大利亚人来说，与同学们交谈，总是话不投机，似乎彼此之间缺乏共同语言。

默多克认为跟他们在一起实在是太乏味了。与默多克共同毕业于基隆语法学校，又一起来到牛津读书的罗德·卡内基对此表示赞同，他也认为大部分英国人对远离家乡的澳大利亚人"一点儿也不热情"。

在牛津读书期间，父亲把有关他们家报纸的发展情况陆续写信告诉默多克，希望能引起他的兴趣。而这段时间，凯恩爵士对他自己的身体越来越担心，总感觉自己的日子不多，因而极其关注的是安排好身后的一些事情，给他的妻子和儿女留下一大笔钱，足够他们日后生活，尤其是要给默多克留下一个有一定规模的报业帝国。

最让凯恩不安和放心不下的就是他的儿子鲁伯特·默多克。他一直担心默多克贪玩，在牛津大学不好好学习，害怕他浪费时间。有一个学期，默多克的学习不用功，考试成绩相当糟糕。凯恩听到后，生气了好几天。

后来凯恩和妻子商量，告诉她，决定把儿子叫回来，让默多克在澳大利亚的报社工作，他自己亲自管教。妻子反对凯恩的这个决定。

母亲的坚持挽救了默多克。尽管母亲以严厉著称，但是对于孩子未来的发展，她还是有长远的打算的。

父亲事业继承人

　　1951年夏天，凯恩爵士决定休息一段时间，做他生命中最后的一次环球旅行。尽管他的夫人、医生和朋友从他的身体着想，劝他在澳洲走走就行了，但他并没有接受他们的建议。

　　为了去伦敦参加路透社托管人理事会议，默多克的父亲最先飞到了美国，并在华盛顿得到一个机会同杜鲁门总统会见了两分钟，对杜鲁门政府产生了恻隐之心。

　　凯恩爵士买了一辆崭新的福特牌轿车，并告诉儿子默多克说，他可以驾着这辆车做一次横贯欧洲的旅行，然后在中东地区将车装船托运回澳大利亚。他本人也将随后乘飞机与默多克在某地会合并参加一段路程的旅行。

　　起初并非一帆风顺。在计划起程之前半小时，默多克前往澳大利亚大使馆去取他的护照，结果却发现，移民处的那帮"大傻瓜"把他去南斯拉夫的签证给取消了！

　　因为畏惧凯恩爵士的巨大权势，使馆官员们尽快重新办理了默多克的证件。尽管如此，在这一危机被解决以后，默多克和他的朋友们仍是怒吼着绝尘而去。

当凯恩爵士在墨尔本进行着他最后一次精彩的旅行报道时，默多克的旅行仍在继续。他又去了地中海他热爱的克里特岛，然后在雅典再次与马斯特曼、阿萨·布里格斯和哈里·皮特组成旅行团，他们4人驾着那辆已备受折磨的福特车开往土耳其。

在土耳其这辆车终于再遭重创，只勉强蹒跚到了黎巴嫩的首都贝鲁特。为了将车装船运回家还给他的父亲，默多克四处找人希望把车的外壳砸平，结果是徒劳无功。当这辆车最终抵达墨尔本时，凯恩爵士只能把它当作一堆废铁卖掉。

他们4人从贝鲁特乘船到了埃及的塞得港，并在那儿赶上了一班从澳大利亚返回的英国远洋船。船上的乘客中有一些对澳大利亚不满的不列颠移民，他们由于在澳大利亚境况不佳而决定回老家。

默多克先是对这些人表示出极端轻蔑，继而厌烦得无法忍受与他们同船一起走了。他说服了哈里·皮特与他一起在法国马赛港弃船改乘火车。

当他们到达巴黎时已穷得一文不名了，而澳大利亚驻法国大使馆不知出于什么原因竟然拒绝借给他10英镑的路费，默多克气得暴跳如雷。

回到牛津以后，默多克决定要生活得更自由些，这恐怕是旅游在他身上留下的后遗症吧！他决定住到校外，摆脱大学学监的控制。

他和另一个澳大利亚中学的同学约翰·皮普尔一起搬到了黑丁顿山的一间顶层的阁楼房中去居住。据说他让房东降低了房租，好像是从每周4英镑降至1英镑。

1952年，默多克决定参加牛津大学劳工俱乐部部长的竞选。在牛津大学，当时以及之后的很长一段时间里，人们都觉得一位候选人不应该公开地进行游说活动。候选人只能用一种温和的、纯粹的英国式的方法，就是通过朋友们的推荐争取那些潜在的选票。默多克十分蔑视这种"伪善的"方式而开展了一场声势浩大的竞选运动。"为默多克加油"是这一运动的口号。

与分别后风风火火的小默多克完全不同，凯恩爵士在回到澳大利亚后病情更重，焦虑也越深。他为先驱集团创建了整整一个王朝，到老却不能确认是否能留下足够的钱财供他的家庭在他去世后舒适无忧地生活。他和妻子伊丽莎白都觉得先驱集团亏待了他。

在给银行经纪人、会计和小默多克的信中，他唠唠叨叨、不厌其烦地一再表露了他对家族资金的决算，尤其是透支金额的清算方面的忧虑。造成这一状况的部分原因是因为他想给默多克留下发展一个报业实体所必需的基础。

凯恩爵士竭尽全力地提高他在阿德莱德新闻公司的股份。1951年年底，他出售了更多先驱集团中他所拥有的小公司的股票。他写信给默多克说，他尽可能地争取用抵押贷款的方式去购买更多新闻公司的股份。

默多克不赞成父亲的做法。

默多克后来说："他从来没有尝试创造一个王朝，但他也清楚，在他持有微不足道的股份的先驱集团中，没有我施展的空间。我猜想他在报界极力为我争取好的机会。"

然而，集团内各种权力斗争迅速公开化，家族资产不断减值，默多克继承的公司也麻烦重重，举步维艰。

"我还不能死。"凯恩在1952年曾说道，"我一定要看到我的孩子羽翼丰满，绝不能丢下他像羔羊般让这些人宰割。"

与此同时，凯恩爵士制订了另一个秘密的计划，他劝说先驱集团去购买墨尔本的《阿格斯报》，经营它与集团所有的报纸竞争。《阿格斯报》属于伦敦的镜报集团，出现了严重亏损。

1952年年初，伦敦《每日镜报》的卡德利普访问墨尔本时，凯恩爵士发现卡德利普是一个人才，便带他观看墨尔本战争纪念馆。

一路上，凯恩不停地谈论，在着手办理这些事的同时，凯恩爵士还有另一个非常秘密的计划，即完全退出先驱集团而买下墨尔本的《守卫者报》，并将它投入与先驱报及时代周刊集团的竞争当中。他所打算的一切都是在为儿子今后的事业扫清障碍、做好铺垫。

让凯恩最焦虑的还是儿子默多克，他担心孩子不能继承自己的传媒事业。他写给里韦特的信中说：

> 默多克给家里的信写得太少，对此我很不放心。他刚走的时候还能做到按时写信，也挣得了学分。他必须知道与每个人的关系，包括同他的家庭的关系等，都要时刻维持、修补，为此付出再大的努力和代价也是值得的。

默多克这时刚结束了一次在欧洲的旅行并写了一封长达9页的信给里韦特。信用洋红墨水写成，内容也同墨水一样热情奔放：

> 我的感觉是你或许需要某些巨大的东西。为什么不用那种巨大、新奇标题下的真正的世界独家内幕新闻去大力改善被你称为"洗碗布"的头版呢？

这段话中默多克用了3个"大"字，足以表明他这时雄心勃勃的状态。他还建议他自己可以作为工党年会上的特邀通讯员去驳斥早晨的战争贩子制造的荒谬而有害的谎言。

默多克的这次旅行是在迪奥维尔结束的。在赌场他第一晚就输掉了全部的法郎,只剩下一些不能兑换的意大利里拉,而他那时住在一家昂贵的法国饭店里。

他写信给父母说:

> 我一边等着英国银行松松手寄钱给我,我已积累下一堆数目庞大的账单,一边研究轮盘以精通这一系统,同时还要用一只眼盯着地板看有没有谁落下的筹码。
>
> 一次一个年老的女士掉下一个1000法郎的筹码,没有察觉就走开了,我扑过去把它抓在了手里!不一会儿它就变成了5000法郎。
>
> 这使我得以拍了一个电报回伦敦、喝了点酒、修了修面,还买了一本色情小说,剩下的不足100法郎筹码我用来碰运气,但命运与我作对。最后我回到牛津时只剩不到50英镑。

1952年10月5日凌晨,默多克的父亲接到他的来信之后不久就在睡梦中去世了,他把自己这一个家族的命运交到了年仅21岁的儿子手里。

默多克接到电报后,简直不敢相信自己的眼睛,他马不停蹄地往家赶。接到电报的3天后,他顺利飞回了家。他筋疲力尽,情绪极度低落。

母亲没有因他没到来而推迟葬礼,凯恩爵士在10月7日安葬。

凯恩·默多克的葬礼成了墨尔本名流的一次大聚会，场面蔚为壮观。

从托拉克长老会教堂缓慢移往斯普灵威尔公墓。10位抬棺材的人是联邦及州政府代表，送葬队伍中走着报界、金融界、工业界的首脑人物，500多个花环环绕墓地周围。

凯恩·默多克的妻子伊丽莎白是主要的送葬者，陪伴她的孩子有女儿海伦、安妮、珍妮特，以及凯恩·默多克的两个兄弟和两个侄子，主要遗产继承人默多克因还没回到澳洲而缺席葬礼。

凯恩爵士生前最后几年的商业运气一般，他留给默多克的遗产不多，只有一笔昆士兰新闻公司的股票以及克鲁登投资公司，克鲁登投资公司是一个控制布里斯班《信使邮报》和《新闻报》两家小公司股票的家庭公司。

在默多克回到阿德莱德镇前，他母亲伊丽莎白把布里斯班《信使邮报》的股票卖给了墨尔本先驱集团，原因是他母亲担心他的家庭无法支付他们的运营费用。

旷日持久的官司

默多克其实并不是一个胆大妄为的人,他的集团一直对政府都恭恭敬敬的。但是他还是在朋友的影响下"藐视"了一下政府和掌权者。这次他险些被送进监狱。

在澳大利亚竞选运动开始后,《新闻报》对联邦政府的其他政策表示不满。它在评论反对党领袖的竞选演说时说,其主张与许多经济学家的观点一致。在评论孟席斯的施政纲领演讲时,既承认他的阅历和政绩,又对他拒绝考虑反对党的经济建议表示遗憾。

到了选举日的前一天,默多克和里韦特索性采取骑墙态度。《新闻报》的评论说,成千上万的人对现政府不满,但他们对唯一可能取而代之的人也同样感到恐惧。国内所有大报都支持现任政府,因为反对党取胜的希望渺茫。

而《新闻报》竭力反对任何一个可能的胜利者,如果选民按照《新闻报》的要求去做,那么澳大利亚将因为没有总理和内阁而成为无政府的国家。这充分表明,新崛起的默多克虽然在商业上取得了不错的进展,但在政治上还是一个彻头彻尾的新手。

在所有的政治风浪里，只有老朋友里韦特始终坚持与他风雨同舟。但是政治观点的一致却不能保证他们在经营报业的观点上也一致。在如何经营报业的问题上两人的观点出现了越来越严重的分歧。在"斯图尔特案"爆发后，更是一发不可收拾。

对默多克来说，1959年中期是一个充满希望的时期。9频道不久将抢在其对手7频道前开办。对里韦特来说，这一年他更是声名鹊起，因为他将卷入一场备受关注的官司，最终把默多克也牵扯了进去。

事情是这样的，鲁伯特·斯图尔特是澳大利亚的一个土著居民。他受雇于一个马戏团，被指控在1958年年底在距阿德莱德800千米的塞杜纳强奸并杀害了一个9岁的白人小姑娘，现在正等待绞刑。

《新闻报》和《广告商报》都以大量篇幅报道了这一案件。这是一件公开审理的凶案，报纸对它进行报道也无可厚非，本来案件很快就应该湮没在新鲜的新闻事件中。可是里韦特的介入却改变了事情之后的发展情况。

1959年7月24日，里韦特认识了一个名叫托马斯·狄克逊的牧师，狄克逊是斯图尔特案的中心人物，他曾在阿龙塔人中当过传教士，懂得他们的语言。他是第一个去阿德莱德监狱，用阿龙塔语同斯图尔特交谈的人。

狄克逊说，斯图尔特被定罪的证据，来自于警方的一份关于斯图尔特的口述笔记，但狄克逊说，斯图尔特连英文都说不好，他认为那份供词不是斯图尔特提供的。

斯图尔特的辩护律师在得到这一最新证据后，向澳大利亚高等法院提出上诉。高等法院虽然没有推翻原判，但很重视辩护律师的意见，结果，一份新的上诉经高等法院呈交给伦敦枢密院。之后，狄克逊接到线报，说斯图尔特曾经待过的杂耍团在昆士兰北部，他决定起程前往，并找到杂耍团的老板，他们的宣誓声明几乎可以证明斯图尔特当时不在犯罪现场。

从这个时候开始，新闻报道的角度就开始转变，从"一个杀人犯"的故事转变到了"一个来自阿德莱德的牧师的故事"，好像狄克逊才是这次案件的主角。里韦特开始操作这个极有新闻价值的题材，决定全程报道狄克逊旅行的情况：所有新证据在报告给枢密院后，首先给《新闻报》独家发表，里韦特越来越深地介入了这个案子。

在狄克逊找到杂耍团老板后，《新闻报》的头版头条登载了这么一个新闻：在"牧师说：斯图尔特有充足理由抗辩"的大字标题下，发表了杂耍老板夫妻的宣誓声明，证明斯图尔特没有作案时间，并要求延缓执行死刑。

这篇报道引发当地司法界和政界的强烈震动，当天下午，州总理普莱福德表示，州议会和最高行政会议将研究新证据。

对《新闻报》来说，这是一场干净、利落的漂亮仗。看上去普莱福德好像还可能被迫承认，在他这个本来是无可挑剔的州里，也可能发生审判不公案件，这也是对一贯独断的州总理普莱福德的沉重打击，而这一打击是许多人，当然包括默多克和里韦特所希望看到的。

当晚，普莱福德宣布了委员会的职权范围及其人员组成。有关其职权的条款没有说明要复审那份所谓的供词，而委员会的3名成员中有2名是正在处理"斯图尔特案"的法官。

第二天，在《新闻报》头版的评论中要求扩大委员会的职权范围。评论旁的一幅漫画暗示普莱福德选错了人。阿德莱德的读者们已经好久没有看到过这样咄咄逼人的笔锋了，舆论界立刻兴奋起来。

但事情的发展往往出人意料，这起案件产生了一系列连锁反应，六七个警官因供词是否真实一事接受审查，州总理的判断也遭到人们舆论的攻击。

从警方到政界人士，个个灰头土脸。而在舆论界，伦敦《新闻记事报》称里韦特是"南澳大利亚的左拉"。因为他又采取了新的行动。他发表了斯特里罗给州首席检察官的一封信，这封信指出供词是伪造的。

他本人还亲自赴昆士兰州，获取了两份支持斯图尔特不在现场这一抗辩的宣誓声明。在强大的新闻舆论压力下，普莱福德再次做出让步，决定委员会将调查供词的背景。

此后，当时澳大利亚最优秀的刑法律师之一杰克·尚德专程从悉尼赶来担任斯图尔特的辩护律师。听证会开始不久，委员会便直接告诉尚德：动摇人们对判决的信心是他的任务，但他们没有重审此案的义务。

委员会的这种态度激怒了尚德，使他们之间的分歧日益尖锐。听证会进行到第四天，委员会主席、南澳大利亚最高法官梅利斯·皮内尔打断了尚德对一个退休警官证人的访问。

尚德第二天上午在听证会上愤怒地指出，在他的律师生涯中，他从未在访问证人时被人打断过，因此他宣布退出听证会。对南澳大利亚人来说，德高望重的尚德退出听证会标志着州法律制度威信的彻底败落。

这一天《新闻报》的标题最为辛辣、激烈，其反响一直持续至

1960年中期。委员会继续听取证词,一名资深的当地律师被选为斯图尔特的第二个辩护律师,但不久后他也退出听证会。

第三个律师从维多利亚赶来,这次是用公费支付其报酬的。至此,斯图尔特的死刑已减为无期徒刑。宣布减刑的那天上午,默多克也在法庭旁听。

《新闻报》与州总理之间的战火硝烟在盛夏的酷热中慢慢地散去。但是,州总理普莱福德从此对里韦特和默多克恨之入骨,因为正是他们的《新闻报》让州政府和自己的名誉扫地。

1960年1月19日,由皇家检察官出面就有关尚德退席的报道,对里韦特和新闻集团提出正式指控:被告人接连发表了煽动性的诽谤的文字,并且是在明知这种诽谤不属实的情况下发表的。

每个被告均被指控犯有九大罪状,并被勒令在1月25日前去见地方行政长官。

这次皇家检察官起诉的具体罪状是:被告说法官对某人"不公平",这是对法官的严重诽谤和污蔑,说委员会"瓦解"了,而实际情况是委员会只不过是休会,为斯图尔特寻找新的辩护律师;说尚德"怒斥"皮内尔,事实却并非如此,这证明其险恶的用心是企图诋毁法院的诉讼制度。

第一个接受检察官询问的证人是《新闻报》办公室主任,由于他拒绝回答一长串问题,结果被依法拘留;第二个证人是默多克的私人助理肯·梅,接下来是报纸的新闻编辑。

第五天,默多克本人也被传讯接受讯问,但他对一系列问题保持沉默。

于是在1960年3月7日,组成了由一名法官主持并由一个陪审团出席的审判庭。里韦特和新闻集团分别由各自的律师代表出庭。

检察官再次对作为证人的《新闻报》工作人员提问。

但这些人提供的都是对其老板默多克和主编有利的证词，例如：报纸通常使用引号来概括一件事，尽管用的不是说话人的原话，在新闻上"怒斥"几乎是"批评"的同义词等。

几天后，法官通知陪审团说，被告不是恶意煽动，但是否发生了诽谤则由陪审团来裁决。

在审判庭前，里韦特在被告席上还做了一席不宣誓的供述。经默多克许可，他透露了他的老板在那些引起争议的出版物背后所扮演的角色。里韦特的辩护律师则在总结发言中暗示，检察官的指控具有政治背景，起源于政府的报复。

最后，陪审团裁定，被告没有犯知情故意诽谤罪，但他们对"尚德退场……"那条标语是否具有诽谤性质看法不统一。这样，九大罪状只剩下一条了。可以由政府司法官员决定，是进行重新审判，还是撤回起诉。

6月初，诉讼正式终结，这场官司告一段落。

几天后，《新闻报》发表社论说：报社从未暗示皇家委员会的成员不具备裁断斯图尔特案的资格。并且，《新闻报》认为，在南澳大利亚法官数量不足的具体情况下，法官不得仲裁针对自己的诉讼这一规则有灵活执行的必要。这篇社论与《新闻报》之前火爆的标语漫画相比，这无疑是自甘示弱的大倒退。

报纸发表这样的观点，无疑有点"打自己的脸"的意思，成为新闻界一时的笑柄。当时在悉尼的默多克大怒，他认为"都是里韦特惹的祸"。这预示着，默多克与里韦特分道扬镳的时候不远了。

默多克认为，正是里韦特太具有鲜明的新闻人特点，使得新闻集团不得不耗费大量精力去应付这场旷日持久、令人疲惫的官司。

当时正在悉尼打新闻战的默多克认为，他需要一个稳重的人，而不是一个经常有着新观点、创意十足的主编，他认为这样很可能在"后方着火"，会拖垮他的理想。他需要的是一个兢兢业业、任何时候都会让他放心的主编。

默多克知道，这时，必须跟老朋友说再见了。在社论发表后的第二天，里韦特在办公室收到了默多克的信，信中的语气很生硬，要求他第二天离开报社。

里韦特虽然早知道有此一天，但他还是觉得非常愤怒，他召集了下属，并阐述了自己的新闻理念，之后便离开了他曾经引以为自豪的《新闻报》。

整个事件给默多克最深的教训就是：只有强大的报业主可以攻击政府而绝不是通过攻击政府而强大。默多克决定进军悉尼，他决心要把自己的报纸办到整个澳大利亚。

第一次面临挑战

在经历了与政府之间的官司之后，默多克心有余悸，他跟老朋友里韦特分道扬镳，选择了新的主编。

热衷于扩建自己王国的默多克此时已经厌倦了鼓吹式的报道，钞票这时候比冲突更能引起他的兴趣，利益也比政治地位更能抓住他的注意力。他在扩建他的王国，他所需要的主编是稳重可靠但不需要那么才华横溢的一个人。

罗恩·博兰成为《新闻报》的新主编，他是一个办事认真、更注重实际的人。在他的主持下，《新闻报》远离了倡导社会改革之路，进入了稳妥的发展时期。

悉尼的新闻报业一直是报纸领域最残酷的战场之一。

当默多克进入时，正值20世纪50年代末，它被3个集团所主宰。费尔法克斯家族和帕克家族仍然是两家最大的集团，第三家小得多的集团由诺顿家族控制，他们拥有《每日镜报》和《星期日镜报》。

半个世纪以来，这3家报业集团持续着或明或暗的斗争，但也相对平静地保持了生态平衡。

悉尼报业意识到，这里是任何一个想做大蛋糕的报业集团将垂涎的地方。当费尔法克斯得知诺顿家族有意停业改行时，他们毫无疑问地将其名下的《每日镜报》和《星期日镜报》买下，主要是为了使它们免于落入墨尔本论坛集团之手。该集团已经变成了一个扩张主义者。

当然，默多克也一直在关注悉尼的市场，尽管他急于在悉尼谋取一席之地，但悉尼的媒体大亨对入侵者的高度警惕，让他不得不采取迂回战术的方式。他让朋友在悉尼的郊区购买了一个叫坎伯兰的报业公司。

几天后，默多克作为真正的主人出现，这让费尔法克斯及墨尔本先驱集团感到恐慌，他们特别担心默多克会利用此作为基地，大举进攻悉尼。

一开始，默多克便展示出咄咄逼人的态势，让他们无法小视这个年轻人。

默多克来到报社后，第一个面对的就是比他更强大的阿德莱德的《广告商报》，该报属于他父亲的老公司墨尔本先驱集团。

默多克当时的处境是：一个默多克家族拥有的小报要和大公司的先驱和时代周刊集团支持的《广告商报》展开竞争。默多克所带领的《新闻报》面临着前所未有的巨大挑战。

先驱集团不断对默多克家族施加的威胁主要来自劳埃德·杜马，他是所谓白色爵士之一。这些爵士们的财富和地位使他们对澳大利亚社会和政府有着巨大的影响力。杜马是阿德莱德《广告商报》的董事长，先驱集团拥有《广告商报》45%的股份。

《广告商报》的这个威胁仍然存在，它比《新闻报》及其星期日刊物《星期天邮报》的规模更大,并拥有一个更大的组织机构,更畅销。杜马的目标是使默多克家族出售《新闻报》,他向默多克夫人报价15万英镑购买《新闻报》。

《广告商报》集团董事长劳埃德·杜马爵士于1953年10月24日推出《星期日广告商报》,想与《新闻报》的周末版和《星期天邮报》相抗衡。

《广告商报》销量为16.7万份,远远超过《新闻报》的10.2万份,但《星期天邮报》销量高达17万份左右。杜马期望将其日报读者也争取为周末刊的读者。但《星期天邮报》的根基非常深厚,主编罗恩·博兰又是一个精于挖掘大众新闻的老手。

新闻公司的《星期天邮报》设计很漂亮,是双面印刷的大幅报纸,非常具有新闻价值。《星期天邮报》的主编罗恩·博兰对《星期日广告商报》形成巨大的压力。他们在阿德莱德的报业市场上采取各种营销手段,争夺有限的读者。

默多克的活力使《新闻报》的职员大吃一惊,他对报纸的任何一个环节都严格把关。在阿德莱德,人们对他的印象是一个精力充沛而又有点自负的青年,毋庸置疑,他对印刷、广告、报纸经营等具体环节都有研究,这为他今后的奋斗打下了坚实的基础。

默多克坚持降低成本,他把全体的编辑人员压缩至不到40人。记者们工作强度非常大,他们每一天都要写20多篇新闻报道。报纸的内容也不断丰富,他们从开始的36页发展至后来的48页。使报纸的信息量增加了很多,获得了读者的一致认可。

两家周日报刊残酷的竞争持续了两年,双方都付出了惨重的代价。《星期日广告商报》建议默多克做出让步或者同意合并,默多克毫不犹豫地说"见鬼去吧!"最后,劳埃德·杜马爵士不得不败下阵来。

1955年，两家周日报刊达成合并协议，两家各持有新报纸50%的股份，但默多克说："《星期日广告商报》不是合并而是被迫消失。"所以，竞争实际以默多克的胜利而告终。

1955年12月，这两家周日报刊正式合并，双方各持一半股份，但新闻公司赢得了有利可图的印刷合同。这次合并可以称之为默多克在新闻报纸行业的第一次胜利。他在报纸行业站稳了脚跟，捍卫了自己父亲的尊严。

首次进军电视业

20世纪50年代末期，经过默多克的一系列新的改革措施，《新闻报》为其积累了足够的资金。

也正因为这些资金的积累，默多克血液中的赌徒的基因再度膨胀。他认为，阿德莱德的天空实在太窄小了，他需要呼吸更为广阔地方的空气。

"不发展就是死亡"，这成为默多克的口头禅。仿照费尔法克斯等几个澳大利亚报业家族的成功模式，默多克也希望建立自己的连锁式的报业帝国。一直都自大自负的他一连做出了几个引人争议的举动，他首先增加对墨尔本一家杂志的投资，直至完全拥有这家杂志，继而在董事会成员的一片反对声中买下《新观点杂志》。这是一家在墨尔本出版的女性周刊。紧接着，他又收购了一个狭小但安静的小城市珀斯的《星期日时报》。由于《星期日时报》一直处于亏损状态，他的收购更是遭到了大家的强烈反对。但默多克固执地认为，它会给自己带来利润。

在这一系列交易过后，默多克的行程表上显得更加紧凑，原来就少得可怜的休息时间几乎不见了踪影,他没完没了地奔波在各处,但他一点儿也不觉得累。这是一向视工作为生命的默多克所喜欢的工作方式,他会在每个星期五匆忙坐着颠簸的飞机飞越大陆赶到珀斯,然后再驱车直奔《星期日时报》办公室,从监督版面到内页的内容质量,到报纸的最后付印,每一步都凝聚着他的心血。他雷厉风行,工作中从来不夹杂私人感情。

默多克对于那些没有能力及前途的人,统统解聘,并不断从阿德莱德大本营引来文字编辑及评论员。很快,这份报纸变得极具轰动性,销售量大增。

收购后的成功让默多克欣喜异常,他一鼓作气,继续向前冲,并不断收购处于偏僻地区的小报。他认为,这是打造新闻帝国的必经之路。但在这时候,收购报纸却不是默多克最关注的,他的兴趣绝大部分集中在电视广播上。作为一个新兴的媒体,电视台将产生的能量和效益足以让默多克疯狂。

因为这个时候,联邦议会通过了《电视法》,规定对广播、电视行业实行国有和私营的双重体制。默多克立刻明白这部《电视法》的规定意味着什么。这是一片未开发的"处女地"。默多克对进军电视行业踌躇满志。

对于电视行业的野心是来自他对美国的电视行业的了解,他认为报业的发展是有限的,所以必须打入电视界。

美国的电视革命始于20世纪50年代,它将迫使整个工业化世界发生极大的社会变革。普通的商品化彩色电视始于美国。

1950年,即第一条横穿英吉利海峡海底电报电缆铺设100周年之际,法国和英国第一次通过电视联结起来了。美国无线电公司研制出光导摄像管,它比传统的电视摄像机适应性更强、灵敏度更高、价格更便宜。第一个高清晰度的磁带录像由美国的宾克罗斯比公司发明。

美国的宽银幕电影由西尼拉玛公司发明。21个欧洲国家同意共享特高频率的电波，因而为拥挤的中波提供了可供替代的选择。第一台袖珍半导体收音机由日本的索尼公司制造。

在电视的开发方面，澳大利亚落后于美国好几年。直至1957年阿德莱德才有电视，虽然悉尼和墨尔本已经有3家电视台，其中两家是商业台，另一家由澳大利亚广播委员会经营。

这两家商业电视公司由两个最强大的报业家族经营：费尔法克斯家族控制着第七频道，而帕克家族控制着第九频道。在墨尔本，先驱报和时代周刊集团控制第七频道，时代的出版公司大卫赛姆公司是第九频道的合伙人。

这几家电视台已经建立了两套小网络。现在政府计划在阿德莱德和布里斯班颁发特许证。起初每个市似乎很可能只能获得一张特许证。

默多克摆出一副垄断的拥护者的样子，据理力争反对在阿德莱德电视台进行竞争。他告诉澳大利亚广播管理局，竞争导致的损失将是巨大的。但是他的呼吁没有被理睬，政府在布里斯班和阿德莱德各颁发了两张特许证。

在阿德莱德，由《广告人报》赞助的集团得到了第七频道，默多克的南方电视公司得到第九频道。默多克没有独立获得电视执照，这令他非常不满。

于是，他在《新闻报》一则报道中引用反对党领袖阿瑟·卡尔韦尔的话作为反应，说广播管理委员会是"可怜的、没有脊梁骨的、毫无用处的工具"。这则报道还敦促取消这个委员会。

由于默多克决心让他的电视台首先开播，两周后，默多克再次出国考察国外电视业。他带着阿德莱德的《星期天邮报》的主编罗恩·博兰匆匆赶往美国。

他们从美国西海岸开始，参观洛杉矶的制片厂，为他们的新电视台寻找能够买得起的节目。在拉斯韦加斯，他们体验了这个沙漠城市所能提供的一切东西。

他们无论走到哪里，默多克都叫博兰收集东西，如杂志架，好回去后研究它的创意。要掌握的东西太多了，美国正在发生巨大的变化。

默多克在洛杉矶和纽约的美国电视网络结交了几个有影响的人物，最重要的一位是美国广播公司的伦纳德·戈登森。戈登森是通过派拉蒙电影公司涉足电视的。

1951年，默多克以2450万美元买下了美国广播公司。在以后25年里，他努力奋斗使美国广播公司与其他两家全国性的广播网全国广播公司和哥伦比亚广播公司呈三足鼎立之势。

关于默多克第一次去纽约，戈登森后来说："所幸的是他碰巧首先来美国广播公司参观。从一开始他就给我留下了深刻的印象。"

他邀请这位澳大利亚年轻人在萨迪饭店共进午餐。他被默多克的魄力深深地吸引住了，要求购买新闻报股份有限公司的股票，默多克同意让美国广播公司购买6%的股份。

从一开始戈登森就感觉到，电视能够并将成为一种世界性的传媒，因此他着手并购外国电视台作为合伙人。这事发生在卫星通讯发展之前，他还预见到几个由电缆联结起来的国际网络电视。

默多克已经有了类似的雄心壮志，他后来写道：

戈登森在许多方面是一个行为榜样，虽然我们的背景不同。戈登森超越了他的时代20年。他的成功一直是一种灵感和鼓励。他证明你能获得成功。

默多克想在澳大利亚创办一份每周出版的电视杂志，为此他认为很有必要参观一下美国榜样《电视指南》的办公室。他和博兰在纽约租了一辆车，驾车去费城，自从1953年以来，《电视指南》就是在这里由沃尔特·安嫩伯格出版的。他发现，力图理解和研究《电视指南》这一现象的不止他一个参观者。

他后来回忆说："所有那些乏味的外国人都来参观看看怎样效仿它。"参观者中没有谁能像默多克那样有能力取得安嫩伯格那样的成功。但是在当时他的雄心壮志受到限制。

他后来说："当时我绝对没有想到，我会在美国创办任何东西，重要的是冲出阿德莱德，进入悉尼和墨尔本。"

回到阿德莱德后，他到处奔忙，向别人传授他学到的东西，灌输他的思想，大声发号施令。他创办了一个具有澳大利亚特色的《电视指南》，但是他的主要精力投入到使南方电视台开播的工作中。

他选择建立新台的人是比尔·戴维斯。此人一直在经营一家商业广播电台SKA。戴维斯是英国移民，曾在南澳大利亚当警察公诉人，后来在一场人才竞赛中脱颖而出，成为电台的播音员。他嗓音优美，声音洪亮，有人亲切地称他为"胡说八道的比尔"。

默多克在新闻报公司为南方电视台安排了一间办公室。他的指示很简单：在空中打败第七频道。他们成功了。

创办全澳洲报纸

在默多克的心中，一直有一个梦想，他想把自己的报纸事业发展到整个澳洲，他希望能创办一份澳洲人自己的报纸。

1964年7月14日，是默多克迄今为止最美好的一天。在堪培拉，他真正创办的第一家全澳洲的报纸《澳大利亚人报》，由一台旧的印刷机印制出来了。

《澳大利亚人报》为大幅双面印刷品，它的公开目的就是"向堪培拉报道全国，向全国报道堪培拉"。它还是澳洲大陆第一家全国性的日报。这次大胆的商业冒险使默多克赢得了人们尤其是澳大利亚记者的极大喜爱，尽管许多人后来逐渐讨厌他。

堪培拉当时是专为政府所建立的一个小城市，一个漂亮、整齐划一的首府，没有多少居民。唯一的一家报纸《堪培拉时报》温和而没有活力，由阿瑟·莎士比亚及其家人拥有并管理。

在堪培拉，广告是一个富矿层，而这家报纸就是一个小金矿，到20世纪50年代末，它每年扣税前的盈利为8万英镑。

对默多克来说，《堪培拉时报》不是一家具有吸引力的家族企业，而是"一家弱小的、非常落后的报纸"。他说，他父亲一直想把它买下来，"使它成为一家重要的报纸甚至全国性的报纸"，不过他知道莎士比亚家族不会卖掉它。

1964年初，默多克静悄悄地进入堪培拉市，买下一家要价极低的报纸《澳北区居民报》。该报由肯·考利创办，此人原是《堪培拉时报》的排字工人。

后来默多克还在《堪培拉时报》所在的街道上买下一块土地。同年2月议会开会，阿瑟·莎士比亚和默多克在一次宴会上相逢。莎士比亚问这位年轻人他打算用新买的土地来干什么，默多克毫不犹豫地回答："让你失业。"

莎士比亚并不是傻子，他已经与费尔法克斯家族的亨德森达成秘密协议。根据此协议，如果莎士比亚退休或去世，或者任何别的公司在堪培拉出版报纸，费尔法克斯集团就可以买下《堪培拉时报》。

听到默多克的威胁后，莎士比亚通知了亨德森。1964年5月1日，《堪培拉时报》宣布，它已由费尔法克斯家族买下，并将其发展成一家全国性的日报。

费尔法克斯马上开始把一批批能力很强的编辑和记者空运到堪培拉。

默多克说：

> 他们只用了一个月时间把一份几乎都是广告、质量低劣的通俗小报变成一份非常美观的大幅双面印刷品。这是一个非常了不起的成就，而对我们来说是个不友好的见面礼。

这是一种轻描淡写的说法。它对默多克追求的目标可能是一次毁灭性的打击。他的新报纸现在永远不会在堪培拉获得所需的广告来资助它的出版。杰出的经营家亨德森看起来好像教训了默多克一顿，使他付出了昂贵的代价并感到屈辱。

默多克绝不会被击败。他决定唯一能做的事情就是要追求一流，马上出版一家全国性的报纸，而不是两年后或更长的时间。

默多克挑选马克斯·牛顿做主编，此人是澳大利亚新闻从业人员的传奇人物，在一份人物简介中被人描述为"与政府比高低、使首相改变职业的人"。他在默多克的王国里风雨沉浮25年，是个令人头疼、非常聪明、有点神经质的人物，曾经大红大紫，但很快就湮没无闻了。

牛顿是珀斯一家硫酸厂化铅工的儿子。他获得珀斯现代学校的奖学金，后来尽管好酒贪杯，却又获得了剑桥大学卡莱尔学院的奖学金。在这里他与一位年轻的美国学生、后来《评论报》的主编诺曼·伯德雷斯成了好朋友。

伯德雷斯后来成了美国著名杂志《记事》的编辑。牛顿教伯德雷斯法语，而伯德雷斯教他"如何让一个人信任"。牛顿戒了酒。他是两个最先获得经济学奖的学生之一，并做了卡莱尔学院的客座研究员。

毕业后，牛顿始终没有找到一份满意的工作，直至成为悉尼《论坛子报》的政治部记者，后来又于1964年年初成为《金融评论》的编辑。他去见默多克。默多克提出让他当《澳大利亚人报》的主编。牛顿以极大的热情投入了这项工作。

当《堪培拉时报》和费尔法克斯集团宣布他们的联盟来对付默多克时，牛顿确信游戏开始了。

但是，他后来在《澳大利亚人报》上写道：

> 在那几个令人害怕的日日夜夜里，当我们认识到我们的艰难处境时，默多克表现出了钢铁般的意志和赌徒似的不服输劲头。就是从那时开始，他展示了他的远见卓识。

牛顿和默多克一起到全国各地去拉广告，一起去联邦银行要求进一步的支持。终于，银行总裁瓦伦·麦克庸纳告诉他们："你们可以得到钱，但你们必须不让整个集团亏损。"

1964年7月1日深夜，第一期《澳大利亚人报》出版了。但是因为日期刊印错误，版样全部报废重新排版。这个不好的兆头就预示了《澳大利亚人报》未来发展将非常艰辛。

报纸在头条新闻刊登了题为："内阁发生龃龉——参院爆发自由、乡村两党争吵"文章。

文章叙述事实情况与事态趋势杂糅不清。联合政府中的两党对进口油轮一事看法不一，但文章没有交代争论起始的时间。这是不符合新闻报道的写作方式，很显然牛顿在这篇新闻中采用的是他作为周刊记者的叙事方式：无前因后果，无先后顺序，文章读起来逻辑混乱，令人丈二和尚摸不着头脑。

第三版更让满怀期望的读者大吃一惊。该版名为"彼得·布伦南版"，来自钱德勒倾力奉献，号称是"表现生活轻松侧面的专栏"。但是，它不过是拼凑了5幅风马牛不相及的照片，外加一条关于昆士兰警方审查一出话剧的消息。

占星术专栏才是招致最多非议的一版，这可以从报纸在第二周开创的"读者来信"中看出。第五版至第七版刊登选自《卫报》

《华盛顿邮报》和法新社的海外新闻,其数量和质量倒与其诺言所说的差距不大。

尽管该报自诩为《澳大利亚人报》,澳大利亚新闻却被挤在不起眼的第二版上。只有编排整齐的第十版、第十一版具有显著特色。后来成为全国最著名漫画家的布鲁斯·佩蒂将参议员巴里·戈德华特画成一尊自由女神像,手持一本名叫《边缘政策》的大书。

胆大妄为的政治记者布赖恩·约翰斯披露了联邦外交部任人唯亲的裙带关系,让相关人士都吓了一跳,不过百姓则觉得还不够解气。

除了有关艺术和教育的特写外,"当日书评"专栏刊出第一期文章。这两版刊用的文章是从自采和外来稿件中挑选出来的,这在当时的澳大利亚报界并不多见。

从第十二版起,报纸又落入窠臼:"澳大利亚经济"占6个版面,"女性相关的"占两个版面,最后是电视节目预告、字谜游戏和体育新闻。

星期六在澳大利亚是一周中日报最畅销的时候。在创刊后的第一个周六,《澳大利亚人报》一反前两期的平淡气味,显现出一种新的姿态。

《澳大利亚人报》问世后受到舆论者的密切关注。在报纸创刊后的第二个周末,斯图尔特委员会的监察员肯·英格利斯就发表文章分析称:

> 《澳大利亚人报》宽松的版面及其漂亮的外表与其漫不经心的语言极不相称。

肯·英格利斯指出了报纸中的多处措辞不当的标题和病句，反对开办占星、算命的专栏，并指责"彼得·布伦南专栏"抄袭《每日快报》的"威廉·希基专栏"。他预言《澳大利亚人报》对其他报纸的影响时说：

《堪培拉时报》将保持其读者人数，但《世纪报》和《悉尼先驱晨报》这两份传统大报在堪培拉的发行量将被《澳大利亚人报》抢走一些。

与其他城市的大报相比，《澳大利亚人报》的大部分工作人员驻扎在堪培拉，这在新闻采访上是一个优势，可惜尚未充分发挥出来。联邦首府充满国内政治新闻、官场上尔虞我诈的奇闻逸事和对国际事件的反应。默多克要牛顿派记者报道政府公务。

由于不习惯接受监督，政府官员们一时惊慌失措。公共事业委员会不久便召见其政治记者布赖恩·约翰斯，查询报社这样做的真实意图。

本来从发掘新闻线索来说，对政府公务进行采访、报道应该事半功倍。比如1964年7月1日，外交记者肯尼思·兰德尔报道，外交部长深罗·哈斯勒克在他首次访问华盛顿时，表示澳大利亚在东南亚问题上将采取强硬路线。

这本是一个具有深远意义的举动，是第二年跟踪报道越南派遣战斗部队的事态的最初线索。但《澳大利亚人报》未能利用这一线索去解释报社抄收到的大量电讯稿。

1964年7月底至8月初，美国和北越首次承认在东京湾交火。

事件的重要性是显而易见的。但与其竞争对手相比,《澳大利亚人报》的报道略逊一筹。

1964年8月3日,《悉尼先驱晨报》用头版头条报道了华盛顿的官方口径,《澳大利亚人报》对这一事件却只字未提。但次日《澳大利亚人报》在第二版报道说,一艘美军驱逐舰被炸,美国打算以牙还牙。

第三天,各报均未刊出实质性的消息,《澳大利亚人报》在头版用两小段的篇幅报道6艘美国军舰驶离香港,执行秘密任务。

第五天,《澳大利亚人报》才醒悟过来,开始在头版和其他版面的大量篇幅报道了美军轰炸机袭击了北越的新闻。

《澳大利亚人报》立即派遣记者马上飞往交火地西贡,不幸的是,《堪培拉时报》的一个驻东南亚记者率先发回了消息稿。《澳大利亚人报》的后续报道被湮没在众多的报纸报道之中。

默多克和主编牛顿均不熟悉亚洲政治,他们也没有聘请专家,只好不懂装懂,胡乱分析一些政治新闻事件。另外,报社决策层组织领导也是极其混乱。

默多克是干晚报出身的,一味追求耸人听闻的新闻事件,而牛顿则是周刊评论员改行当日报编辑的,对"硬新闻"缺乏足够的敏感度。

报纸创办之初,编辑办公室没有完工;办公桌周围到处都是风刮来的树叶。这种情景令人感到非常兴奋,默多克总是处于报纸每个部分的中心。他充沛的精力似乎要强迫报纸及早问世。他的勇气支持他不懈努力。

为了保证每天将报纸发送到每个省的首府，报纸的字模被空运到墨尔本和悉尼的印刷工厂。

任何一个堪培拉人都记得，1964年的冬天是寒冷的，因从伯雷湖起的大雾，机场被持续关闭了一段时间。默多克创建了一支小航空队，外号是"米老鼠航空队"，将字模运出去。他本人常常是亲自开车将他们送到机场，有时是穿着睡衣。飞机是发动着的，就等着"宝贝"一上机就起飞。

很多次，默多克用甜言蜜语哄骗机场管理员以允许飞机起飞。"那不是大雾，"他向控制台和犹豫的飞行员保证，"只是一点水汽。"飞行员们常常是着了魔似的起飞，因此失去了自己的判断，常常在着陆时"亲吻"地面。

"100次里我有99次是亲自到机场。"默多克说。但某些情况下是乘卡车，而报纸在几个小时以后就能够到其他大城市的街上。这种办法持续了多年，直至澳大利亚全国铺上了电缆。这样，报纸的版面就可以通过传真了。

默多克企图在堪培拉以外的地方经营一家全国性的报纸的压力非常大。发行量并不像所希望的那样保持旺势。起初报纸的总印数是25万份，很大的一部分在首都免费送掉了，但是到1964年11月，日销量下降到5万份多一点儿。

亏损不断上升，高达每星期4.5万澳元。默多克开始怀疑他对主编的挑选。牛顿很有才华，但是他也很古怪；更重要的是，他没有使销量上升。

牛顿变得越来越消沉，默多克则越来越忧虑。1965年3月，牛顿辞职了，或者说是被迫辞职了。他很苦恼，但后来他说，默多克"非常爱护我。他解雇了我是因为我实际上是一个没用的人"。

默多克任命了一个新的主编,瓦尔特·科默尔,一个荷兰人,对他来说,英语是第二语言。报纸的情况依然如故,没有任何好转的迹象,默多克曾认真地考虑过关闭它。他的许多助手,包括在阿德莱德的比尔·戴维斯,也希望他关闭它,因为它在吃掉公司的其他部门。

但最后,默多克担心这一失败对公司的影响太大,还是保留了下来。1966年,他任命阿德里安·迪默尔作为副主编,并负责印刷报纸。

迪默尔的父亲西德尼于20世纪30年代初曾在凯恩爵士手下工作过,是墨尔本《先驱报》一位出色的编辑。迪默尔继承了他父亲在报业上的天分,将粗犷的风格与尖酸刻薄的笔调结合在一起。

到1967年,《澳大利亚人报》的发行量已上升到约75000份,但这其中只有30000多份是在堪培拉出售的。默多克决定将编辑班子的大多数成员转移到悉尼去。他们在基帕克斯大街的一家巧克力工厂落脚。在迪默尔的负责下,报纸多少有了点起色。

默多克后来说,《澳大利亚人报》是一次理想主义者的尝试。你得瞧瞧《墨尔本时代报》《悉尼先驱晨报》以及所有其他报纸在我们创办这份报纸时候的情况。它们正由经理们例行公事般地生产出来。这些报纸的质量非常低劣。举行一次全国性的辩论是展示我们这份报纸的方法。他希望《澳大利亚人报》在辩论桌旁给他一席之地,这一点做到了,他无愧于这种回报。

《澳大利亚人报》单凭它的问世就对澳大利亚产生了重要的

影响。它力图征服在许多方面支配澳大利亚人生活的"冷漠的专横"。

《澳大利亚人报》力图赋予澳大利亚一种国家地位感。甚至连最大的一个竞争对手《悉尼先驱晨报》后来也承认："《澳大利亚人报》创办是战后澳大利亚新闻界最有意义的事。它是推动澳大利亚社会开放的一种力量，为澳大利亚1972年以后的伟大变革奠定了基础。"

接管《世界新闻报》

机会总是留给有准备的人的。对于默多克来说，机会无处不在。在英国，又有一次机会出现了，他正在摩拳擦掌、跃跃欲试。

20世纪60年代控制着英国伦敦街的报纸，大多数是那些参加过20世纪30年代"发行量大战"的报纸。这些报纸主要有两个著名的报业家族统治着。

诺斯克利弗的外甥塞西尔·金于1951年接任《每日镜报》公司和《星期日画报》公司董事长职位，他全力扩张，搞到了许多地方报纸、外国周刊、期刊、年鉴，还有8家书刊出版社和一家唱片公司，并在电视公司、印刷公司、造纸公司和娱乐公司等持有股票。

后来，成立了国际出版公司，它成为世界上最大报业出版企业。然而，金并不享有老派报业主的地位，他只是一个领薪水的雇员。因此在1967年年末，当在金的主持下进行的扩张失去势头之后，他的董事会就撤掉了他的职务。这使鲁伯特·默多克在进入舰队街以后失去了一个重要的对手。

诺斯克利弗的弟弟罗瑟米尔子爵将《每日邮报》和《新闻晚报》留给了他的儿子，他又将报社交给了维尔·哈姆斯沃思，在1978年成为第三代罗瑟米尔子爵。他认为"三"是一个理想数字，最终也的确成功地拥有了早报、晚报和星期日报。他将是默多克长期的对手，但他们彼此欣赏。

比弗布鲁克爵士的儿子马克斯·艾肯特此时仍拥有3家主要报纸：《每日快报》《星期日快报》和《标准晚报》，但正处于缓慢的衰退之中。

报纸舰队的"新人"是罗伊·汤姆逊，继1959年买下《星期日泰晤士报》以后，1966年他拥有了《泰晤士报》，并将两张报纸合并，以期用前者的利润补贴后者的亏损。然而，正如他本人所说的那样，这是"拿出万贯家产来挽救一个已经失败过的理想"。

比以上报纸发行量都大的是《世界新闻报》，该报100多年来一直是英国自称的，星期日报纸中具有最大发行量的一家报纸。

《世界新闻报》常被人们称为"恐吓新闻"，是英国最为淫荡、好色的周报，专门刊登有关淫荡的牧师、同性恋者、乱伦、处女的新闻。该报的体育版非常出色，是英国最成功的报纸之一，发行量最高时达850万份，它支持英国保守党。

1956年，新闻纸定量供应制结束。在第一次世界大战之前开拓的大众性报纸的市场到第二次世界大战之前可能就已处于饱和状态，仅仅是由于战争和新闻纸定量供应这些人为的因素才使第二次世界大战后的报纸仍保持很大的发行量。

新闻纸定量供应制的结束使报纸增厚了，人们只需看一份就足够了。现在上流社会的情况开始好转，因为教育的普及和分类广告市场的扩大。

对这些报纸来说，分类广告弥补了因电视抢去大字广告所受到的损失而有余，大众化报纸却不得不经受与电视的竞争以及相互之间为缩小的市场而进行的可怕竞争。

这些报纸在新闻报道中强调时事报道和使用"栩栩如生"的图片，而这种做法使他们特别容易被电视击败。因为电视可以抢先在头天晚上进行报道，而且还配上"活生生"的图片。

这些报纸又不像上流社会报纸那样能够利用分类广告的发展，此外，它们还都在全国发行，不能像电视一样为广告商做适合地区特点的广告。

对于《世界新闻报》来说，它的发行量下滑正是从1955年开始的。1954年前半年它的销售量为810万份，至1956年的相应月份，这个数字为750万份，1960年为610万份。然而它的对手们似乎并没有遭受如此大的损失。

1954年《星期日画报》的销量是545万份，1960年为530万份，1968年为510万份。看来《世界新闻报》的中道衰落还不能完全归咎于商业电视的崛起。

对它影响更直接的是蒸蒸日上的严肃星期日报纸。从1956年至1968年，《星期日泰晤士报》的销量从61.8万份上升至146万份，《观察家报》从60.1万份上升至90万份。

严肃星期日报纸从《世界新闻报》那里抢走的是中产阶层的读者，因为前者更善于理解这一阶层的趣味。它登载间谍案而不是警探方面的丑闻，用唯利是图、尔虞我诈的奇闻逸事代替桃色事件，它在调查性报道上花的金钱和力气也更多。尽管如此，在1968年《世界新闻报》的发行量仍有600万份以上，在英语世界里居首位。

卡尔家族手中没有能控制报纸的股份，因此只要它开始走下坡路，就很容易被人收购。

1968年秋，资产已达500万美元的默多克来到英国，下决心要实现在牛津上学时的诺言：有朝一日把《每日镜报》据为己有。正当他摩拳擦掌之时，猎物却变成了《世界新闻报》。

在默多克进军澳大利亚时，他的金融顾问史蒂芬·卡托充当了"引路人"的角色。默多克告诉卡托，他想买下《每日镜报》。一段时间以后，卡托告诉默多克，《每日镜报》的主人国际印刷公司不想卖。

于是，默多克又提出了买下国际印刷公司的想法。卡托听完后目瞪口呆，但还是按默多克的要求去做了。

"我们开始时要慢慢地买。我们认为能够凑到10%的股份。"卡托印象深刻，在需要钱的时候，默多克似乎总能够弄来。

1968年年底，卡托告诉默多克有另外一笔生意，即《世界新闻报》准备出售股票。这件事立刻引起了默多克的注意，他决定以救援者的身份出现来帮助卡尔家族对付捷克裔传媒大亨罗伯特·马克斯韦尔。

10月18日，星期五下午，汉布罗斯银行的哈里·斯伯尔伯格给卡托打电话，让他"把他的人快点儿带来"。接到卡托的电话，默多克立刻从悉尼飞往伦敦，于20日抵达希思罗机场，与卡托一起开始准备他们的战略。

《世界新闻报》要被马克斯韦尔收购了，马克斯韦尔本是一个捷克农民之子，第二次世界大战到英国参军，因战功获得"军事十字勋章"，升任上尉，并入英国籍。

马克斯韦尔退役后由于经商成为巨富，现在又积极向报界进逼。他不断鼓吹自己的实力，他甚至还透露说，他已经得到许诺可获得世界新闻公司25%的有表决权的普通股，评论家们也认为局势对他有利，但实际上威廉爵士拒绝了他，还在董事会议上建议股东们在接受通知前什么也不要做。

《世界新闻报》期望找到一个救星，一个"白色骑士"。默多克就像一位古代骑士游侠一样突然出现，来帮助卡尔家族。

在此之前默多克已经与马克斯韦尔打过一次交道。

1967年马克斯韦尔想把自己在澳洲的珀加蒙科技出版社的50%的股份卖给默多克，在交易快完成时，默多克突然决定退出，因为马克斯韦尔一直没有将答应要给默多克的有关珀加蒙科技出版社的相关资料交给他。这拉开了他们往后1/4世纪不断有的战争冲突的序幕。

默多克在得知有关马克斯韦尔的计划后，马上和融资公司的总裁卡托勋爵取得联系，同时令新闻公司驻伦敦局主任潦兰克·奥尼尔随时传送有关《世界新闻报》的消息。

在决定收购之前，这张报纸其实并没有列在默多克的购货单上，但他此时立刻进入状态。接着，他匆忙打电话向所有能告诉他一点儿有关这张报纸及其所有人情况的人了解消息。他得到了详细情报，其中包括威廉爵士的身体状况。

然而，默多克并不想做什么骑士，他想要控制《世界新闻报》。但是，卡托建议，他应该谨慎行事，免得使卡尔害怕和产生顾虑。

首先，他必须得到卡尔的同意担任总经理，以抵御马克斯韦尔。一旦交易完成，他可以以新闻股份有限公司的名义发行一组新的股票，来摆脱卡尔。这是一个绝妙、保险而且又相对便宜的途径，从而可以确保默多克打进"舰队街"。

星期一的晚上，默多克和卡托邀请威廉·卡尔、威廉爵士的儿子、他的堂弟克利弗以及他们的妻子，在伦敦最好的一家餐馆共进晚餐。卡尔有意无意地要打探默多克的底细，没有发现任何破绽。卡尔一家人都认为，这笔交易可以考虑。

随即，默多克陷入了另一个难题。当时的他根本无法筹集到足够的现金来对抗马克斯韦尔最初的报价。但卡托提议，新闻股份有限公司在澳大利亚的某些资产可以转给《世界新闻报》集团作为交换，世界新闻报业集团将向新闻股份有限公司发行新的股票。威廉·卡尔爵士现在能够号召大约30%的股份，再加上新发行给默多克的，他们联手对抗马克斯韦尔就将万无一失。

正当默多克在紧密谋划之时，马克斯韦尔仍在扬扬自得，他认为没有其他任何一家英国报业集团可以出他那样高的价钱。对于默多克的到来，他一无所知。但是，随着股票价格稳步上升，他意识到一定是有一个神秘的买主在出手收购股权。于是将他的出价提高到每股50先令。这样一来，整个公司的资产就高达3400万英镑，甚至超出了默多克的想象。

面对马克斯韦尔的逼人态势，默多克决定采取果断行动。星期二，默多克应邀与卡尔共进早餐。卡尔刚开始拒绝了默多克希望自己放弃董事长职位的要求。于是，默多克说："那么，让马克斯韦尔来当吧！"

然后，他便站起身走了。这时候卡尔急了，他冲默多克喊道："他是一个魔鬼，你是知道的。"

"好的，我不是魔鬼。"默多克回答道，"如果你需要，我可以帮助你。但我不想在优柔寡断中浪费时间。"

卡尔开始害怕失去他的"骑士"和"游侠"，他让默多克重新坐下，最后同意了他的大多数要求。默多克要求与威廉爵士的侄子克利弗共同担任总经理一职。

威廉爵士同意了,因为他有一个担任董事长7年的合同,所以感觉很安全。此外,他与默多克的母亲相识多年并非常崇敬她,所以他觉得可以相信她的儿子。

根据协议,他们同意将发行足够多的新股票,以给默多克凑足40%的有投票权的股票。这样一来,默多克和卡尔两人就将联合控制股票的一半以上。默多克也同意将不再买进更多的股票,并保证自己的股份不超过40%。卡尔家族的一名成员将继续担任董事长支持与克利弗发挥联合总经理的作用。

10月24日下午,默多克召开了一个新闻发布会,宣布他打算购并世界新闻集团40%的股份,其中在市场上买9%,其余的用他在澳大利亚的资产来交换。

12月,卡尔爵士向股东们交代了与默多克之间交易的详细情况,《世界新闻报》集团将新发行5100万股有投票权的普通股股票,总计将占全部股权的35%,新闻股份有限公司将持有股权的40%以上。反过来,它将向公司注入资产,保证年收入达到110万英镑。默多克将成为总经理。

默多克向卡尔声明,以前的协议,即仅仅与克利弗一起做一个联合总经理是"不够的"。默多克坚持做唯一的总经理,否则就不干了。卡尔当即表示反对,但在这个时候他感到自己除了接受这一无理要求外,别无选择。卡尔一家人为此感到震惊,但为了阻止马克斯韦尔,卡尔家族决定孤注一掷。

这场游戏逐渐变得粗野起来。在澳大利亚,不甘心失败的马克斯韦尔开始掏默多克的"老窝",向他身上泼脏水;而默多克的报纸也毫不示弱。他们也大力抨击马克斯韦尔。

此时，马克斯韦尔试图从默多克的手中买下新闻公司，但默多克得到了来自纽约的朋友 ABC 公司的支持。他的朋友莱昂·纳多·戈德森告诉马克斯韦尔，ABC 支持默多克，然后同意将他们 10 年前所购买的股份再卖回给默多克。

默多克的悉尼《镜报》此时也公开揭露马克斯韦尔在澳大利亚出售百科全书中所玩的鬼把戏。马克斯韦尔则向法院起诉默多克，说他犯了"诽谤罪"，以此来回击默多克。

1969 年 1 月 2 日，就双方出价进行表决的股东特别大会召开了。这次大会是一场不同寻常的决斗，犹如古罗马的角斗场。对阵的一方是罗伯特·马克斯韦尔，另一方则是迄今没有多少人知道的"年轻的澳大利亚人"默多克。

卡尔夫人和她的家庭成员已经花了许多天的工夫，试图劝说尽可能多的小股东来参加会议，并投他与默多克的票。他们建议那些不能参加会议的人暂时将自己的股份划给《世界新闻报》集团的工作成员，让他们投票。卡尔夫人还给她的一些朋友每人一股，以便让他们也能够参加会议。

股东大会召开那天，卡尔在医生的监护下来到会场。他忍受着疼痛。他本应在 12 月底做手术，但他坚持要推迟，直至会议开完后再说。会议大厅里挤着 500 多位股东。当威廉爵士出现在主席台上时，会场长时间地响着掌声。威廉爵士的声音非常弱，几乎听不到。

大会开始之后，默多克做了简短的发言，谦虚、诚恳、刚劲有力。强调新闻公司是一个很好的机构，并对威廉爵士将留下来继续做董事会主席表示高兴。

当马克斯韦尔站起来时，人们向他发出了轻蔑的嘘声。马克斯韦尔威胁说："我的出价现在是每股52先令，如果这个价钱被拒绝的话，每股将只值39先令并且还要继续下跌。"

卡尔让马克斯韦尔坐下，并说道："当你能从生活中获取更多的东西时，钱又算得了什么？"

马克斯韦尔继续抱怨这次大会准备得不充分，过于草率、仓促，听众们甚至不需要排队领牌就随便出入。

股东们对他吼道："滚回去吧！"

这次股东大会上，卡尔和默多克取得了压倒性的胜利，299票支持发行新股，只有20票反对。

马克斯韦尔铁青着脸，头也不回地离开了会场。马克斯韦尔说，大多数金融方面的记者都认为他"中了极其卑鄙的暗算"，后来，显然马克斯韦尔的公司珀加蒙远不像他所说的那么值钱，卡尔家族可以说对他的怀疑不是没有道理的。然而，同样显而易见的是，他们即使没有默多克的帮助也能够打败他。

这是一场异常惨烈的战斗，马克斯韦尔至少损失了20万英镑，并且名誉扫地；卡尔家族在账面上损失了约200万英镑。更重要的是，失去了对公司的控制；唯一的赢家就是默多克，他现在在世界上最重要的出版中心之一有了自己的战略基地，自此跻身伦敦新闻界。对于默多克来说，这是一个最伟大的完美的胜利！

大刀阔斧的改革

在接管了《世界新闻报》之后，默多克针对《世界新闻报》进行了大刀阔斧的改革。对于报纸的销量大减，首先要被拿来"开刀"的就是《世界新闻报》的主编斯塔福德·萨默费尔德。

这是个很难对付的家伙，自从第二次世界大战结束以后，萨默费尔德就一直在这份报纸工作。在威廉爵士的领导下，他被允许按自己的方式办报。但是，默多克根本不看重萨默费尔德，默多克把他看作是一个自命不凡、自鸣得意的势利小人。

萨默费尔德被告知不能再按照他过去喜欢的那种独立的编辑作风行事。默多克向萨默费尔德保证，如果他离开，将得到适当的补偿。

默多克从来都不能容忍一个主编自行其是，按自己的观点发表文章。"作为老板，最终对报纸的成败负责的就是我一个人。"

默多克在1969年时曾这样说：

> 既然报社的成败取决于它的编辑方式，当我看到有办

法能加强编辑方式时,为什么我不能干预呢?那让我来做什么呢?闲坐在那儿,眼看着报纸走下坡路?胡说八道!这就是《世界新闻报》开始衰败的原因。

默多克命令萨默费尔德解雇一些报纸的专栏作家和记者,负责写航空方面报道的道格拉斯·巴德尔就在被解雇的名单中。他是位英国的战斗英雄。接替道格拉斯·巴德尔的人选要默多克自己亲自确定。他还通知萨默费尔德,未经他的同意,不能向国外派记者。

当萨默费尔德抱怨时,默多克说:"我大老远从澳大利亚来这里,不是为了不干涉。你要么接受,要么走人!"

1969年夏,萨默费尔德在西班牙度假,默多克对报纸的版面设计进行了大规模的改革。萨默费尔德匆匆地赶回伦敦,尽管他非常反对默多克的命令,但单枪匹马的他却不能改变什么。

1970年1月,默多克解雇了斯塔福德·萨默费尔德。默多克说,他实在受不了萨默费尔德自以为是的编辑理念。虽然,默多克为此付出了高昂的代价,但他认为值得。

默多克现在能随心所欲地控制这家报纸。萨默费尔德也没有不快,自卡尔家族不再统治这份报纸后,他就失去了对报纸的兴趣。他怀念原来那种充满友情的工作关系,而不是默多克固执而强硬的领导方式。

在经历了"增加股份"、"逼退董事长"、"解雇主编"这三大战役之后,默多克如愿以偿地成为《世界新闻报》真正的主人。

为了让《世界新闻报》迎合读者口味,进一步扩大发行数量,掌握实权后的默多克开始大量地采用耸人听闻的新闻报道，这一点越来越受到一些人的批评。

但默多克坚持强调，他只能为公众提供他们喜闻乐见的东西。他的报纸销量猛增而竞争对手一落千丈的事实证明，他的策略行之有效。《世界新闻报》在默多克的主持下开始起飞了。

1969年，默多克因为一个故事卷入了英国一场重要的争论并在讽刺性杂志《私人侦探》上博得了"色情发掘者"的名声。从那以后，这个名声就一直伴随着他。这是个传统的《世界新闻报》的故事。

1962年，一名美丽的应召妓女克莉丝汀·吉勒与当时英国国防大臣约翰·普罗富莫以及苏联海军武官尤金·伊万诺夫的风流韵事使得哈罗德·麦克米伦政府非常难堪。

普罗富莫向下议院撒谎，否认有这么回事。后来他不得不承认时，只好辞职。辞职后的普罗富莫在伦敦东区与穷人一起工作了6年，这种努力和真诚的忏悔行为让他受到了人们的广泛尊敬。

在默多克的指挥下，《世界新闻报》在丑闻的挖掘上舍得下血本，他们出资23000英镑，购买那些人鬼混的细枝末节并通过绘声绘色的描写和渲染，使这件丑闻成为人们街谈巷议的热门话题。由于这个缘故，《世界新闻报》受到了监督报刊行为的半官方机构——新闻工作者理事会的谴责。

尽管如此，默多克并不打算悔改，反而变本加厉。1969年夏天，吉勒到处兜售这个故事的新版本。为了增加报纸的销量，默多克再次出资21000英镑购买这个重新加工的故事。

此次事件之后，《世界新闻报》的性丑闻的办报特色开始举世闻名，但也有很多公众对这种以赤裸裸的性描写和炒作来吸引读者眼球的办报风格表示谴责。例如，英国天主教重要的高级教士希南红衣主教就明确表示不喜欢这个连载故事，并对《世界新闻报》的玩世不恭和贪婪表示震惊，并对普罗富莫"这位优秀的人"表示关心。

对此，默多克不以为然，他说："人们可以尽可能对我嗤之以鼻，我的报纸多卖了15万份。有了这个，我别的什么也不在乎。"这话很坦率，购买吉勒的自传就是为了报纸的销量。

打响美国第一战

默多克之所以产生离开英国的想法是因为一次"绑架案"。

有歹徒企图绑架默多克的夫人安娜,结果却绑错了人,歹徒们气急败坏之下"撕了票"。这件事让默多克和夫人心有余悸。尽管绑匪后来被依法惩处了,但是他们还是觉得在英国生活危机四伏。

另外就是在英国,默多克疲于应付英国工会的挑衅。1973年,工会向默多克提出了一项重大要求,并扬言说,如果默多克不同意,就停止印刷报纸。

当时的报界也在积极寻求一种对抗工会的办法。报纸出版商协会提出了"一家关门,大家都关门"的协议。根据这一协议,舰队街的其他所有报纸也都开始声援《太阳报》。大家扬言要集体关门,直至《太阳报》的全国印刷工人及帮工协会改变态度为止。

这本来可以成为一次了不起的对抗行动,但在最后关头,比弗布鲁克报业公司变了卦,马克斯·艾肯特爵士拒绝为了《太阳报》而关闭《每日快报》。

因此,默多克失去了支持,被迫与全国印刷工人及帮工协会达成协议。默多克对这种背信弃义的行为感到气愤,并永远不相信舰队街会再次团结起来对付工会。他深信,要改变舰队街目前的劳资关系永远是徒劳无功的事情,除非一个报业主有力量单独与这些工会作斗争并击败他们。

默多克发现澳大利亚太封闭,而英国又太闷热、古板、乏味,尤其是自以为是。不管默多克做什么,不管他怎样与英国社会和政治顶尖人物交往,默多克一家在英国都是不被重视的。他们永远成不了英国的重要公民。

这两个地方都不能满足他的生活方式和扩张雄心。他开始想到美国,他经常到美国旅行。美国鼓励他的机会主义的资本主义自由车轮方式,纽约欢迎这对富裕、潇洒,并带有澳大利亚口音的夫妻。

经历了绑架事件以及与工会的斗争之后,默多克抱着"厌恶心情"离开了英国,开始转战美国。美国一直是默多克的梦想之地。

多年来,默多克一直努力想在美国建立一个真正稳固的据点。默多克认为,如果无法确立在美国的强大影响力,所谓的英语传媒王国是无法真正建立起来的。

1970年在获得永久居住权后,默多克便开始了在美国的战斗。尽管默多克在伦敦赚了很多钱,但他和妻子都明显感到他们被看作是被英国社会所排斥的人。

1973年,默多克进行了他跨越大西洋的第一次重要旅行。一方面是为了让安娜散散心,另一方面是想在美国建一个"战略基地"。

默多克在得克萨斯州完成了他在美国的第一次收购行动。他买下了圣·安东尼奥市的3份报纸的所有权,即圣·安东尼奥的《快报》、《新闻》和它们联合出的一份《星期日副刊》。

默多克选择圣·安东尼奥的理由很简单，因为当时那里有他想买而且又买得起的报纸。这个时候，他已经有相当强大的实力了，因为《太阳报》和《世界新闻报》都给他带来了丰厚的利润。

默多克曾经在纽约和华盛顿了解了一些报纸、杂志，包括华盛顿的《星报》，但都不太适合发展。不过圣·安东尼奥对于他来说，确实是在美国开展事业的一个好地方。

这是一个阳光充足的小城镇，很像澳大利亚某些人烟稀少的内陆地区。在这样一个多少有些荒凉，又似乎不修边幅、漫不经心的地方，默多克似乎找回了从前的感觉。

当然，他更感兴趣的还是圣·安东尼奥的报纸，这些报纸都是哈特·汉克斯报业公司的资产。早报中《快报》发行量大约80000份，晚报《新闻》的发行量是63000份，它们联合办的《星期日副刊》的发行量约是13.5万份。

《新闻》的主要竞争对手，是一份叫《真理》的晚报。《真理》的发行量也不高，每天的发行量大约是13.5万份，它的老板是赫斯特公司。

这样一来，默多克将再一次按照他喜欢的方式干：先攻击一个城镇，然后买下一份相对较弱的报纸，以同那份相对较大的报纸进行对抗。这已经成了默多克发展报纸行业特有的模式了。

1972年10月25日，默多克在快报大楼向新闻界宣布将投标购买汉克斯报业公司的消息。默多克为这三份报纸总计支付了1970万美元，这个价格是3份报纸年销售额的15倍，资金来自《太阳报》和《世界新闻报》的现金收入。这次收购让他获得了在美国发展的立足点，尽管所花费的资金不菲，却还是值得的。

这是他在美国最成功的一笔交易。他在研究了当地读者的兴趣所在后,改革了晚报的版面,主张使用生动、活泼的标题。这种风格恰好迎合了当地市民喜欢接受一种"温和式的震惊"的趣味。

《纽约邮报》在评述当地的反应时说:"默多克先生不仅提高了报纸的发行量,同时也煽动起当地市民领袖胸中的怒火。"

至1976年,圣·安东尼奥《新闻》报的发行量上升到76000份。尽管《快报》的发行量下降了一点儿,但两者的总发行量仍超过竞争对手《真理》。

他坚持用自己的办法改造新收购来的报纸,以观察家的视角和意见作为取舍标准,使呆板的报纸风格变得灵活起来,使冒进新闻报道变得平稳下来。另外,他还增加爆炸性新闻的报道,补充琐碎的细枝末节,用来增强报纸的可读性和商业气息。

默多克依旧大搞促销活动,通过电视做广告和其他报纸搞竞赛,争取读者青睐。报纸上出现了他喜欢用的一些标题,如"昆虫大军横行南美"、"军队将毒杀350只小狗"、"发现无手尸体"等。这些报道有的很快就传遍全美国,甚至有些报道还传向全世界。

默多克的这些措施并没有起到立竿见影的效果。在两年多的时间里,尽管他做了大张旗鼓的宣传,也只是将报纸的发行量提高了约12000份,使总发行量达到76000份。美国读者并不像英国读者那样愿意捧场。然而,至1983年,它还是遥遥领先于赫斯特的《真理》报,《新闻》报赢利高达500万美元。

在接管和改造圣·安东尼奥报纸的同时,默多克于1973年2月4日在纽约创办了一家他自己的全国性报纸《国民星报》。《国民星报》的主要读者是商店里的顾客,供他们排队付款的空闲时间翻阅。默多克的这份报纸,刻意仿照《国民问询报》。

《国民问询报》的创办人是前中央情报局心理战官员吉尼罗

索·波普。从 20 世纪 50 年代直至 60 年代为止,《国民问询报》每周销量 400 多万份,其内容虽说不上荒诞不经,却是犯罪、科幻小说和好莱坞影星行踪的大拼盘。默多克曾试图购买《国民问询报》,但遭到波普的拒绝。

默多克将主要精力都投入到《国民星报》。人们看见他在编辑部的各办公桌前转来转去,设计版面,有时还亲自改写稿件。

默多克在纽约举行了盛大的记者招待会,雄心勃勃地向公众介绍他的计划。他表现出当年在基隆中学时的那种反潮流精神,声称美国报纸都把眼睛盯在阔佬和权贵身上,但《国民星报》不是这样。他宣称,他将要给人们真正想要的东西:"我们对于刊登麦迪逊大街和新闻学教授们的意见不感兴趣。"

《国民星报》正式出版了,第一期以"万众拜倒在神童迈克尔脚下"的标题吸引了大量读者。但《国民星报》的发行计划出了问题,直至 4 月才在全国范围内发行,只有 30% 的超级市场在出售。到了下半年,因为广告预算太大不得不中止电视广告。

《国民星报》很快就陷入困境,勉强地维持着,一年内的发行量还不到 100 万份。默多克的财务顾问建议他赶紧脱手,但是默多克向来不肯认输,他没有听从财务顾问的建议。

在英国宣传奇才格拉·金的帮助下,默多克组织了一个报纸重新开张的活动。他的搭档是马蒂·辛格曼,来自出版《电视指南》的三角公司。辛格曼不辞辛苦,一个州接一个州地向所有的批发商游说,即使是很小的城镇也不放过。

1976 年,报纸标题中的"国民"一词去掉,改名为《星报》,增加了一个"占星术与咨询"专栏,但还是没有起多大作用。默多克又把他的一名记者伊恩从澳大利亚调来,让他把《星报》从黑白报纸变成彩色杂志。

　　1976年中期，默多克放弃对波普咄咄逼人的挑战，将报纸改版，报名改为《星报》，副名是"美国妇女周刊"。这份报纸的大多数读者是美国工人阶级妇女，默多克向她们提供减肥、健美和保持美丽容颜的"妙招"，还有好莱坞明星的秘事和性生活方面的建议。

　　最终，这份报纸发行量开始上升，并成为默多克帝国最盈利的部门之一。它和伦敦的《太阳报》一样，是默多克的又一座"金山"。

《纽约邮报》的主人

在美国拥有了第一个战斗的"堡垒"之后，默多克并不满足于现状，他还要在美国深入地发展自己的传媒事业。这一次他看中了《纽约邮报》。

19世纪的前半个世纪，在纽约的大众媒体竞争异常激烈，这其中有詹姆斯·本尼特的《先驱报》，霍瑞斯·格里利的《论坛报》，哈里·雷芒的《时报》和本·戴尔的《太阳报》。

至19世纪末，各种商品普遍形成了大规模的生产与销售，广告的激增也随之而来。在20世纪初，几乎所有的美国城市报纸都互相进行着残酷的竞争，这种恶性的敌对争斗将一个本不稳定的移民社会引向了兴奋与焦虑。

《纽约邮报》曾经是被无名之辈的撰稿人和社会底层的粗俗之辈控制和把持着。直至第二次世界大战时才发生改变。一位叫多萝西·希夫的人并购了《纽约邮报》，希夫的祖父是雅各布·希夫，一位最成功的德国犹太人银行家，在纽约他的财富和权力在整个19世纪工业革命时期增长壮大。

尽管多萝西拥有巨大的财富，所幸的是她不怎么保守。20世纪30年代，她与马克斯·比弗布鲁克有过一段恋情。早年她就断绝了她的家庭与共和党长期保持的紧密关系，成为富兰克林·德拉诺·罗斯福忠实的支持者和朋友。1939年，罗斯福鼓励她购买《纽约邮报》。

多萝西当时的丈夫乔治·巴克尔向她保证，虽然《纽约邮报》在亏损，但是只要再投资几十万美元就能使它扭亏为盈。她开始每月为她那自任《纽约邮报》主编的丈夫开出10万美元的支票。她开始根本就没有想要做报纸的老板。

用她自己的话说：

> 我只是一个女流之辈，照料一栋巨大的乡村别墅已经把我弄得焦头烂额，分身无术了。

多萝西逐渐感到理想破灭了，不过与其说是对报纸还不如说是对丈夫不再抱有幻想。无奈之下她开始参与编辑事务，当她决定要接管报社时，她丈夫一气之下跟她分居了。

不久，多萝西与一个编辑特德·撒克里结了婚。他们一起同心协力对报纸进行改造，把它变成一家有着自由的思想言论甚至常常是有左翼倾向的通俗小报。

第二次世界大战后，撒克里成为一个狂热的犹太复国主义者并变得越来越左倾。在1948年的总统大选中，他支持亨利·华莱士新成立的进步党。

此后不久，他与多萝西的婚姻结束，但是多萝西与报纸的关系延续了下来。报纸没有她的钱随时可能倒闭。

20世纪50年代,《纽约邮报》独自勇敢地对参议员乔·麦卡锡持反对态度,她的主编詹姆斯·弗克斯勒,被强拉到麦卡锡臭名昭著的常设调查小组委员会的前面指证别人。

第二次世界大战迫使报纸发生一些变化,而电视强迫报纸发生的变化就更多。第二次世界大战期间,收音机开始流行。众多家庭很快就能收到消息,知道家里的男人在世界的另一边现在的状况如何。事实比感官刺激更加广泛地得到重视。

新闻复杂,但是读者们要求它准确。美国新闻工作者不得不自我约束着。他们必须从被雇佣的酗酒的文人,变为严肃的评论者或至少是严肃的记者。报纸的档次开始提高。战后不久,商业和广告开始迫使报纸更加远离它们低级趣味的历史。

从1962年12月至1963年中期,一次通常的有关工资和工作时间的罢工永远改变了纽约的报纸。印刷工会在《时代报》《新闻报》《美国杂志》《世界电讯报》以及《太阳报》举行罢工,《纽约邮报》《先驱论坛报》和《镜报》暂停出版以表同情。

然而多萝西·希夫当时与其他报社业主决裂,单独与工会谈判解决罢工问题,因而于1963年3月比她的对手提前恢复报纸的出版和销售。她做出努力但是没能获得工会的同意使排版的部分过程计算机化。

在20世纪70年代初期,《纽约邮报》的发行量一路下跌,而晨报《时代报》和《每日新闻报》赢得了纽约广告业务的大部分。

1974年的一个周末,多萝西在长岛汉普顿的家遇见默多克。她一向对有魅力的男人易动感情。他告诉她纽约《时代报》是一家糟糕透顶的报纸。《纽约邮报》正是他朝思暮想要购买的那种报纸。

1975年默多克问她是否出售报社。她不同意卖，但是72岁的多萝西很明显正在失去经营报纸的热情。她曾力图聘请新的好主编，但是越来越不了解主编对工资的要求。

据说在20世纪70年代初，她甚至向《华盛顿邮报》的主编本·布雷德利提出以年薪20000美元聘他为主编。

但是，布雷德利回答说："我聘请的一些记者都不止挣这个数。"

1976年中期，她的律师告诉她新的税法意味着她的孩子将无财力将报纸继续办下去。此外，另一场由印刷工会举行的罢工即将开始。她觉得受不了。她必须赶快把这个"吞钱"的报社卖掉。

多萝西的律师打了许多电话以期引起买主们的兴趣。其中一个电话是打给纽约的报纸业主纽豪斯，但是他没有兴趣把《纽约邮报》并入他的传媒王国里，认为这家报纸的工会问题使得它成了一个毫无希望的企业。

《纽约邮报》当时的发行量大约只有50万份，但每年亏损额高达5000万美元。无奈之下多萝西邀请默多克共进午餐，邀请默多克拯救她的报社。

"我感觉到她很疲惫，"默多克对《乡村之声》的亚历山大·科伯恩说，"她知道改革这家报纸并把它办好需要做些什么，但是她觉得就是没有精力去做。"

默多克总是精力过剩。

1976年年底，《纽约邮报》宣布，多萝西·希夫将把它卖给默

多克。多萝西说她很高兴,她声称:

> 默多克具有高度的责任感,愿意为独立、进步的新闻精神而献身。我确信他将继续有力地发扬我所十分重视的传统。

《纽约邮报》的许多工作人员认为,默多克的收购是这份报纸的一线生机。其中一个人说:"如果别无选择,我感觉这份报纸能够幸存下来是件好事。这个家伙投入数百万美元绝不会是为了让报社关门。"

其他人则忧心忡忡地表示:"像在政府和政治中一样,充分掌握新闻业规律的人是不可靠的。"一个记者说道:"他们不知道是否自己会被要求撰写有关双头婴儿的故事,或者别的什么。"

默多克则是异常兴奋,他将拥有的《纽约邮报》比作在悉尼同时拥有的《太阳报》和《镜报》。而纽约的市场可要比悉尼大了数倍。他说将要进行大量的变革,专栏需要改版,报道有待提高。这将是他在美国的指挥所。

《纽约邮报》的交易由斯坦利·舒曼筹划,他是持有艾伦公司的银行家,默多克选择这家银行作为自己在纽约的主要投资银行,最后成交价比较高,但是默多克一心想得到它,所以他不惜血本。

他通过出售投资和借款在澳大利亚筹措了 1/3 的价款。还有 1/3 的钱来自伦敦,这是《太阳报》和《世界新闻报》的盈利。

最后的 1/3 来自欧洲美国银行与信托公司的一笔无担保贷款。

默多克解释说，英国的国际新闻公司和澳大利亚的新闻集团各自只持有一半的股份至关重要。只有这样，伦敦或者是澳大利亚的任何一家中央银行都不能命令你支付股息，因为你并没有控股，这意味着你可以把利润进行再投资。

在1976年11月20日，交易最终达成的那一天，默多克宴请了克莱·费尔克。他是《纽约》杂志和《乡村之声》报的出版商，也是默多克的多年好友。

默多克与其讨论了自己的《观察家报》存在的问题，而费尔克告诉默多克，他和《纽约》杂志的董事会也正在闹矛盾，而且已经不是第一次闹矛盾了。

费尔克是一个天才编辑，但是对于他那些更加具有商业头脑的同事来说，他却是个令人绝望的人。费尔克以为这只是一次朋友之间的私人谈话，但是很快表明，默多克已经看到了另一个令他垂涎的爱物。

默多克从谈话中得到的信息，让他再次对《纽约》杂志产生了极大的兴趣，他下一个目标就是要把《纽约》杂志的所有权弄到手。

《纽约》杂志的创始人是著名的传媒大亨克雷·费尔克。他从出生伊始便与新闻结下了不解之缘。

《纽约》独特的风格很快便受到了纽约这座国际化大都市中人们的青睐，也深深地影响了许多同时期以及后来的杂志编辑。无数的城市主题杂志开始仿效《纽约》杂志。一时间，新杂志如雨后春笋般在美国发展起来。

1976年10月9日，默多克告诉费尔克他想购买这家公司，费尔克大为震惊。费尔克拒绝了默多克的收购请求，但最终，费尔克还是没能抵挡住默多克的攻势，他在与默多克的收购竞争中败下阵来，遗憾地失去了《纽约》杂志。

1977年1月7日凌晨时分，费尔克与默多克达成协议，他退出杂志。

默多克任用自己的编辑詹姆·布雷迪并开始大幅度削减成本，杂志继续盈利。《纽约》杂志发行量很快就达到42万份。《纽约》杂志社资产不断膨胀，当年就带来4400万美元的广告收益。

被迫放弃《纽约邮报》

《纽约邮报》一直是默多克的一块儿"心病"。

在几经周折中,他得到了它,但是又不得不失去它。人生最大的痛苦莫过于此。人们不会为没有得到的东西而苦恼,只会为得到又失去的东西流泪。

《纽约邮报》的收购完成后,默多克便很快搬进了希夫原来所在的办公室。这以后,《纽约邮报》就变得面目全非了。默多克曾描述自己接管后的《纽约邮报》,将是一份犹太中产阶级的报纸,它对意大利、爱尔兰籍及所有的其他读者都具有很大的吸引力。但默多克不是犹太人,也不是爱尔兰人,他不是一个中产阶级,只是一个在英国的舰队街发了横财的澳大利亚人而已。

一向自负并显得有些独断的默多克从不把报纸工作交给别人,他出版的是一张纯粹体现他个人风格的报纸。与悉尼不同,《纽约邮报》用广告来争取利润是非常困难的。因为纽约的零售商业非常分散,但这个难不倒默多克,他决定用巨大的发行量来弥补这些不足。

于是，他将这份报纸改头换面，成为一份蓝领报纸，以醒目的标题吸引读者，如1977年的"停电专号"就是很成功的报道。

1977年，纽约的夏天漫长而炎热，但对默多克和他的新主编斯蒂夫·邓利维来说却是求之不得。7月13日上午，纽约市的供电中断，前后持续了24小时，有人趁火打劫和纵火。这在纽约的历史上是前所未有的，在市民中引起了极大的恐慌。

《纽约邮报》抓住这一事件大做文章。15日，《纽约邮报》刊出"停电专号"，用纽约人从未见过的特大字号标题赫然写道："恐怖的24小时。"一张插页上的图片说明写道："一座荒废的都市。"

《纽约邮报》实际上并未提供什么新的信息，不过是重复其他两家报纸报道过的内容罢了，它与众不同的地方在于用耸人听闻的夸张手法来渲染这次停电的状况。结果，《纽约邮报》那天的销量较平常多了75000份。

《纽约邮报》的另一制胜法宝是在刑事罪案新闻上兴风作浪。

1976年7月29日，一名18岁的女孩坐在房前的汽车里被人开枪打死，另一名女孩也受伤了。1977年3月，这个杀人狂又枪杀了两人，打伤3人。警察称此人为"萨姆小子"。4月，杀手又打死了两人并在两具尸体旁边留下了一张签有"萨姆小子"的字条。

《每日新闻》比《纽约邮报》更早地知道并利用了这个新闻的潜在价值。《每日新闻》杰出的专栏作家吉米·布雷斯林开始给"萨姆小子"写公开信，并在他的专栏里刊登了一封据称是杀手自己的回信。这种做法当然引起了人们极大的注意。默多克立刻决心迎头赶上，他任命邓利维负责报道这次案件。

《纽约邮报》以"持枪者给寻找萨姆小子带来线索"为标题升

级了对此案的追踪报道,默多克坚决要求,每天必须有新的报道的角度,不能拾人牙慧。

8月4日,《纽约邮报》没有任何证据地宣称,纽约的黑手党头目宣布"萨姆小子"必须抓住,他们已经投入大量人力物力来追捕他。

8月10日晚上,一个名叫戴维·伯科威茨的男子被拘捕,警方认定他就是"萨姆小子"。8月11日上午,印着"抓住了"大字标题的《纽约邮报》卖了100万份。

8月15日,《纽约邮报》又刊出了当年最令人难忘的头版:萨姆小子,骇人听闻的信件:"我是怎样成为杀人狂的——戴维·伯科威茨。"标题的下面及报纸的中间版面上登载了伯科威茨1972年写给一个年轻女子的信,根本没有提过他成为杀人狂的经历。

默多克接管报纸后,《纽约邮报》渐渐变得煽情,犯罪和色情新闻增多,体育报道的版面也扩大了,以工人阶层为主要读者,报纸的发行量节节攀升。一年后就由原来的40万份增加到100万份。但由于忽略了广告经营和20世纪80年代的经济衰退,报纸发行量的扩大并没带来多少利润,亏损依旧。

到1982年,《纽约邮报》还仅仅拥有纽约报纸6%的广告业务,而他的主要竞争对手《时报》和《每日新闻》则分别占56%和38%。

据说到1988年默多克被迫将报纸转卖时,共亏损了1.5亿美元。默多克的新闻集团美国公司,在1983年前一直处在亏损状态,但《纽约邮报》即使是赔钱也是值得的。因为它标志着默多克在纽约这样一个城市里成功地拥有自己的报纸,这是权力和荣耀的象征。

1988年，在拥有这份报纸长达12年之久后，默多克在政府的压力下被迫卖出《纽约邮报》。这次出售比他任何一次生意场上的交易都痛苦。

默多克钟情于这份报纸，是因为这是他在美国所买的第一笔重要的资产。因为它使他进入美国的政治生活，其价值是无法估量的。而且它依然是一个权力的源泉，是所有其他业务的基地。此外，对于默多克来说，报纸的编辑部是一个特殊的环境，使他心旷神怡，没有什么事比在编辑部里更让人高兴的了。

根据美国的法律，一个人不能被允许在同一个城市同时拥有报纸和电视台。这项规定是联邦通讯委员会于1975年通过并实施的，一直以来都存在争议。这一规定是专门用来防止那种不负责任的传媒老板，对地方的意见、观点有太大的影响力。

默多克在从约翰·克鲁格的手中买下了纽约的第五频道电视台后，政府勒令他马上出售《纽约邮报》。但默多克并没有马上卖掉它。

1985年，在完成对电视台的收购后，默多克利用这一规章的某些漏洞，继续同时拥有报纸和电视台。

1986年7月，默多克将《芝加哥太阳报》出售给罗伯特·佩奇。此时，默多克在纽约拥有电视第五频道；在波士顿，他刚刚收购了WXNWE电视台。默多克寻求并且获得了暂时的搁置权。联邦通讯委员会给了他两年时间。此间，在波士顿，默多克想打一个"擦边球"，试图同时保住《论坛报》和电视台。

而在纽约，默多克需要想尽一切办法来保住《纽约邮报》。但《纽约邮报》的发行量开始下降，从70万份下降到不足50万份。至1987年，报纸每天要亏损10万美元。迫于多方压力，联邦通讯委员会既不想让《纽约邮报》倒闭,也不能让它继续留在默多克的手中。

1987年8月,联邦通讯委员会明确表示,要依照法律来办事。国会的许多民主党人士,以参议院商务委员会主席欧内斯特·霍林斯为主,坚决反对联邦通讯委员会的搁置企图。当年11月,新闻自由基金要求联邦通讯委员会取消这一规定。

新闻自由基金主席说,这不利于自由竞争。联邦通讯委员会主席丹尼斯似乎也倾向于取消这一规定。然而,在爱德华·肯尼迪议员的压力下,霍林斯决定,联邦通讯委员会现在应当防止取消规定以给默多克以永久性的搁置权。当时,美国新闻公司是唯一享受搁置规定的公司。但在12月22日的深夜,这一法案终于获得通过。

1988年1月9日,联邦通讯委员会决定坚持立法,拒绝默多克延期搁置的要求。1月25日,参议员霍林斯给《纽约时报》写信,抱怨默多克与联邦通讯委员会之间"邪恶的联盟"。

他说,这种联盟开始于默多克收购城市传媒时,联邦通讯委员会允许默多克保留《纽约邮报》至今日是不可思议的。"我们需要提醒联邦通讯委员会和默多克先生,让他们知道一个重要原则:电波属于公众;传媒的所有权过于集中在一个人之下会威胁自由言论;而任何人都不得凌驾于法律之上。"

默多克回应了霍林斯的攻击,向联邦法院指控,认为肯尼迪—霍林斯修正案是违反宪法的,因为这一法案只有他一个人。

即使默多克知道将不得不出售《纽约邮报》,但仍然拖延。随着这可怕日子的来临,他变得越来越消沉。他在考虑任何拖延的可能性。

默多克考虑到的一个逃跑、脱身的途径是:将《纽约邮报》转成为一家全国性的报纸。他常常感到遗憾的是，他没有从一份像《今日美国》那样好的基础的报纸开始。

到现在，新闻公司董事会中没有一个人支持他保住《纽约邮报》。默多克仍然发现他几乎是不可能放弃它。他赶走了大多数试图来买报纸的人，就如同一个父亲拒绝女儿的求婚者一样。他不是认为这个竞标者是不值得信任，就是认为另一个竞标者出不起钱，而仅仅是想出名而已。最终，他还是选择了与彼得·卡里科夫的谈判，这个人是纽约的不动产开发商和地主。

1988年3月5日，出售协议最终签订。《纽约邮报》的第一版宣布出售协议结果。默多克作出了痛苦的抉择，他不得不亲手卖掉《纽约邮报》。

拯救波士顿危机

《纽约邮报》方面的失败,并没有让默多克因此而气馁。他继续寻求购买更多的北美报纸。

后来在1982年,他向纽约布法罗的《信使快报》发起冲锋。

但是工会拒绝同意他认为对止住亏损非常重要的裁员幅度,报纸被迫关闭。报道援引一名记者的话说:"我们投票表决宁愿不失尊严地死。"这是用自杀的奇特方式来支持报纸。默多克只好继续在波士顿寻求时机。

这个城市的第二大报纸《美国先驱报》在与地位稳固、势力强大并且在某种程度爱教训人的《波士顿环球报》的竞争中处于劣势。对默多克来说,这是一个千载难逢的机会。

《美国先驱报》于1846年由波士顿市的印刷商创办。1912年,它合并进《波士顿旅行家报》成为《波士顿先驱旅行家报》,直至20世纪50年代末它都是该市极为出色的报纸,其销量和质量都超过《波士顿环球报》。

但是在20世纪60年代,它已经逐渐走向衰落了,1972年赫斯特蓝领阶级的通俗小报与贵族阶层的报纸的结合，使合并后的报纸变得更加单薄和枯燥乏味。编辑像走马灯似的换了一批又一批。广告客户也走光了。报纸对它的读者以及它自己都一无所知。

1979年，一位颇有才华的编辑唐纳德·福斯特从赫斯特的《洛杉矶先驱考查人报》报社被千里迢迢地调了过来。他改善了报纸，但发行量依然继续下跌。

直至1981年，报纸在每周的工作日每天发行量不到20万份，星期日为32.9万份。这时《波士顿环球报》的每日发行量是近50万份，星期日的发行量近80万份。《美国先驱报》每年至少亏损1000万美元。

为了挽救这份报纸，福斯特劝说赫斯特孤注一掷再投资350万美元把它变成一份通俗小报。该报变得更加轻松活泼，登载的头版头条新闻有："欣克的精神病医生可臭了大街了"，这是指约翰·欣克在被控企图谋杀里根总统的审讯中所作的因精神错乱而杀人的辩护没有成功，以及"克劳斯是个卑鄙的家伙"，这是指克劳斯·冯布鲁因企图谋杀妻子而接受的著名审判。

报纸的发行量上升了，但是只上升了几千份而已。这种发行量的提升对于拯救报纸来说，简直是杯水车薪。赫斯特公司不得不开始削减成本，这似乎表明它想扔掉这家亏损的报纸。福斯特与默多克进行联系，默多克马上主动提出让福斯特主编《纽约》杂志。

在波士顿吃午饭后，默多克邀请他到他位于纽约州北部地区的查塔姆的家，并不断地向他追问有关这家报纸的情况。像许多其他的人一样，福斯特消除了对默多克的敌意。

福斯特后来对默多克的传记作家迈克尔·利普曼说："他使我佩服得五体投地。"但是默多克带他与孩子们一道在林中散步并告诉他，尽管福斯特为报纸做出了巨大努力，假如他买下《美国先驱报》，他要换一位新主编。

即使这样，福斯特对默多克仍然保持着美好的回忆：

> 他对他的孩子真是太好了，他与他妻子的关系似乎很不错，我怎么能生他的气呢？
>
> 如果有人从他的帽子里变出一只兔子来，他有权随意处置它。把它炖了或剥它的皮或把它变成另一项毡帽。事情就是这样。

默多克向赫斯特出100万美元购买《美国先驱报》，如果报纸将来盈利的话，再付给他700万美元。据认为，仅报社大楼就值800万美元，默多克相信他又做了一笔很划算的买卖。

赫斯特宣布了谈判的消息，称默多克为"最终买主"。默多克坚持认为，只有工会在10月3日午夜前同意大幅度裁员他才购买。

《波士顿环球报》马上采取行动，力求获得工会同样的支持，默多克指责它企图损害他的利益。他威胁说要控告《波士顿环球报》。像平常一样，谈判直接进入实质性阶段，因此双方都可以表明自己的决心。就在规定的期限1982年10月3日前10分钟。默多克获得了他需要的让步，并购了这家报纸。

默多克同意投资大约1600万美元，同时在报纸的各个部门进行裁员，以进一步缩减用人成本。

默多克把报纸的名称改回《波士顿先驱报》，这是被广大读者认可的名字。

默多克从纽约引进了新的编辑，在全市设立鲜黄色的《波士顿先驱报》自动售报机，把报社大楼修葺一新，还安装了电子计算机等先进设备，并改变版面设计，把每版4个大栏目改成7个小栏目，使版面更加多样化。

默多克这样做既丰富了报纸的内容，又不会使读者看到大段的文字而感觉疲劳。

当然，默多克还是一如既往地把报纸定位于面向低收入消费者，报纸刊登更多的体育消息，多一点性的东西，更多的竞猜活动，尤其是现场开奖竞猜活动，更多离奇古怪的报道以及更多的默多克认为波士顿工人阶级应该喜欢的东西。

报道的篇幅变得更短，并且加上一些别致的花边图案。为了吸引读者的注意力，整个头版常常被一个标题所占用。这样做的目的是刻意使人们相信报纸在默多克买下它时，刊登的一则标题的真实性："我们没有死。"

《波士顿先驱报》在默多克当老板的第一年的时间里就赢得了十多万读者的青睐。《波士顿环球报》的主编汤姆·温希普对《波士顿先驱报》的改变，不屑一顾，称它是"杂耍新闻"。

竞争对《波士顿环球报》也有好处，该报开始报道更多的地方新闻并扩大了它对海外的报道。

《波士顿环球报》的副主编戴维·格林韦所持的观点更加深思熟虑："默多克挽救了一家报纸，他在波士顿发现了一大批新读者并使我们不敢稍有懈怠。"

戴维·格林韦认为默多克使波士顿获益匪浅。

默多克希望报纸的销量超过《波士顿环球报》。他认为在某些方面，波士顿将是一个比纽约使他更加容易成功的城市。

他说：

> 波士顿是个非常热情的城市。它是一个非常直率、没有废话的城市。这里没有纽约麦迪逊大街弄虚作假和花言巧语的东西，我觉得，我们在这里比在纽约将更容易找到认同感。

《波士顿先驱报》的许多编辑人员喜欢在默多克的领导下工作。城市版的编辑安德鲁·古利后来说：

> 默多克的伟大之处在于，他让我们完全有自由按照我们自己的想法来布置报道任务。他不会从纽约打电话来告诉我们："我要报道这个！或我要报道那个！"
> 我们认为什么最好就做什么，这在任何行业里只能是一种奢望，默多克的形象是非常暴虐的，但是他在这里却不是那么回事。

默多克买下《波士顿先驱报》时说：

> 它将不会像《纽约邮报》在纽约那样力图强烈地影响政治生活，但是，我们的政治观点将肯定比《波士顿环球报》的要保守得多。

收购《泰晤士报》

默多克入主《世界新闻报》的成功，让一向高傲的英国人不得不对默多克刮目相看了。

这位来自澳洲的新闻人在英国国内引起了很大轰动，而对于默多克而言，自从在牛津大学读书时起，他就坚定地认为自己总是成为英国人虚伪的牺牲品，这种认识直接影响到他对英国人的态度，特别是对那个没有定型、不确定的实体，英国权势集团的态度。

征服英国几乎成了默多克证明自己的一个象征性概念，他必须通过这种征服过程中自己的强势表现来达到对自我价值的肯定，他必须不断地赢得在英国的战斗。

利润是默多克的直接目的，他拼命地要让印刷机器和工人一周从头到尾运转起来，这就意味着要购买或创办一家日报。于是，就在融资《世界新闻报》10个月后，默多克又成功收购了《太阳报》，进一步稳固了自己在英国报业市场上的地位。

《泰晤士报》和《星期日泰晤士报》是英国最著名的两家报纸。野心勃勃的默多克知道，如果自己能够收购伦敦泰晤士报业公司旗下的这两家报纸，就可以顺利控制英国报业的大部分份额，而这，也是新闻集团取得进军欧洲根本胜利的唯一途径。

创刊于1785年的伦敦《泰晤士报》有着悠久的历史，它不但销量很大，而且主要报道英国官方的观点，素来以发表英国国内外的重要的大政方针为主，是一份有着重大的政治影响力的报纸，它有着几乎相当于《人民日报》在中国的地位。

创刊于1882年的《星期日泰晤士报》是一份商业性很强的报纸。控制着英国最大新闻机构的报界精英罗伊·汤姆逊在英国可以说家喻户晓，随着他的报业公司在1959年和1966年分别收购《星期日泰晤士报》和《泰晤士报》，汤姆逊更是威名远扬。

汤姆逊收购了《泰晤士报》之后，丹尼斯·汉密尔顿成了《泰晤士报》和《星期日泰晤士报》这两份报纸的总编。《星期日泰晤士报》的一位很博学的编辑叫作威廉·里斯莫格，后来成为《泰晤士报》的主编，而哈罗德·埃文斯担任《星期日泰晤士报》的主编。

《星期日泰晤士报》不仅是一家盈利的报纸，而且也是一家很有人情味的令人激动的报纸，它拥有一群成功的记者为其服务。在汉密尔顿和埃文斯的领导下，《星期日泰晤士报》发展出了新闻行业的新技术。

在20世纪60年代末至70年代期间，报纸发表了大量的内幕调查报告，并公之于众。这其中包括金·菲尔比事件。菲尔比是苏联克格勃安插在英国秘密情报局的间谍，这一丑闻曾经被搞得沸沸扬扬。

埃文斯的小组还调查了发生在法国北部的麦·道公司的空难事件。此外，报纸将大量的钱花在调查毒品犯罪的问题上。

埃文斯把报纸和新闻事业看作是一种社会武器。他在这方面投入了全部的热情，他要报纸永远痛斥政府，蔑视法律，要将所有的秘密，尤其是政府内部见不得人的事情挖出来，公之于众。

埃文斯的《星期日泰晤士报》招来了许多批评的声音，说它的风格是生锈的、冒牌的新闻，他的新闻更多的是装饰品，表面上闪光发亮，却没有多少实际内容。但是，埃文斯和他的支持者们却认为，他们是为普通公民服务的，目的是保护公民免受伤害。在政治上，他们的报纸是中立的。

《星期日泰晤士报》无论是在商业上还是在新闻方面，都获得了成功，简直是大放异彩。但它的"上级"《泰晤士报》在20世纪70年代的情况却不算太好。

《泰晤士报》的主编威廉·里斯莫格是一个倔强的知识分子。他较早开始使报纸现代化，采用大标题和短句子。尽管这一变化不是那么激烈，也不大突然，但对于报纸的某些年轻的传统主义者来说，变动得实在太多、太过分了。在20世纪70年代初期，他们开始抱怨了。加上当时报纸的经济效益情况不好，于是，许多版式的改革被取消了。

当1976年报纸的老板汤姆逊去世时，报纸的每一个人都不知道今后会发生什么事。

在过去那些年里，汤姆逊为这两份报纸亏了不少的钱。他喜欢它们，也喜欢英格兰。但他的儿子却不是这样想，他可没有闲钱做这么浪费的事情。他生活在加拿大，发现伦敦远不及加拿大那么令人感到舒适。

在20世纪70年代，英国的报纸管理阶层都在认真地考虑如何引进划算的"新技术"，也就是计算机化。如果记者和广告设计人员可以直接把稿件输入计算机排版系统，不仅漂亮，而且能减少一些打字员的工作。但是，打字员们都属于全国绘图协会。全国绘图协会拒绝任何这样的革命，除非报纸的投资方同意"重复输入"。

也就是说，由任何非协会会员所打印的东西，必须由全国绘图协会的人再重新输入一次。在无休止的谈判之后，在一次又一次停工之后，在损失了数以千计的报纸之后，由汤姆逊家族控制的国际汤姆逊集团失去了耐心。

汤姆逊集团告诉工会，除非工会同意不中断生产，并引入一些新技术，否则，他们就在1978年11月底关闭这份报纸。公司的经理们确信，在经过"短期的剧烈震动"后，全国绘图协会将会妥协。但是，他们估计错了。

在报纸被关闭了整整一年的时间里，工会没有做出任何实质性的让步。最后，公司不得不自己来解决这一问题。此时关门已经造成了至少4000万英镑的损失。

1979年11月报纸重新开张时，一切还是原来的样子。汤姆逊家族只好自认倒霉。在报纸歇业期间，报纸的经理和记者们照拿工资。这还不算，汤姆逊家族甚至对全国绘图协会的要求做出了让步，同意"重复输入"。

1980年间，印刷工会继续经常中断报纸的出版，制造各种各样的麻烦。《泰晤士报》严重亏损。

至秋天时，全年的税前损失大约达到1500万英镑。汤姆逊觉得，他佩服他父亲对报纸的热爱，但不明白这么长的时间里，他是怎样弥补报纸的亏空的。

1980年的8月，《泰晤士报》的记者们也起来罢工，要求增加工资。对于汤姆逊来说，他已经受够了。如果记者们也跳出来"造反"，那他为什么还苦苦支撑呢？

1980年10月22日，他准备把报社推出来卖。他让一家投资银行来负责出售，投标日期截止于12月31日。如果没有合适的人来买它，报社将在3月初彻底关闭。汤姆逊家族当然极力避免出现这种情况，因为如果报社关闭，需要公司支付3600万英镑的补偿金。

在12月初，默多克来到伦敦参加路透社召开的一个会议。在伦敦的投资银行家洛德·卡托的公寓里，他遇到了《泰晤士报》的执行编辑戈登·布伦顿。

布伦顿和默多克早就认识，他们过去常在报纸出版商协会的会议上见面。这个协会是一个报纸老板的组织，他们过去企图联合起来对付印刷工会，但却徒劳无功。布伦顿曾经说过，默多克是很少的能够信守诺言的出版商之一。

布伦顿是一个管理者，而不是一个记者。他敬佩默多克的商业头脑，把他视为一个值得尊敬的人，他希望默多克买下《泰晤士报》的所有权。相反，他瞧不起马克斯韦尔，也不信任罗斯莫尔，尽管这两个人也是很有竞争力的候选人。

默多克就在汤姆逊定下的12月31日这个最后的期限之前，跨进了门槛。他出了一个价，100万英镑。和其他的投标者一样，默多克也知道，如果交易没有达成，汤姆逊家族将不得不在3月份关闭报纸，而且将负责支付巨额的补偿金。

在投标者中间，还有两个主编。里斯莫格组成了一个由记者们组成的小集团，名叫"《泰晤士报》记者"，他们要买下《泰晤士报》和它的附属设施。

就在最后一天，摩根·格林费尔也出了一个价。他是"代表哈罗德·埃文斯，《星期日泰晤士报》主编、执行委员会主席和他的亲密的同事们"。但埃文斯的希望很快就成了泡影。

首先是《卫报》撤出了合伙，然后是工会的工党首相詹姆斯·卡拉汉决定倾向于默多克。因为他在《太阳报》一事中，保住了就业机会，而且创造了更多的工作。他虽然很难对付，但是值得信任。

埃文斯现在也认识到，对于汤姆逊董事会来说，默多克也是一个受欢迎的人。他感到有点可悲，他们竟然喜欢一个外面的人，而他们过去曾经对默多克表示过轻蔑。

然后，埃文斯接到了一个电话，是路透社的总经理杰拉尔德·龙格打来的。他告诉埃文斯一个最新秘密，默多克曾经征求他的意见，要他担任《泰晤士报》的总经理，而且默多克想同埃文斯谈一谈。埃文斯给了龙格他自己家的电话号码。

当天晚上，默多克就打来了电话说："它完全都是我的了！除非罗斯莫尔提出更高的价钱。你听说了吗？"默多克告诉埃文斯，他打算彻底改组报纸的经营管理队伍，他邀请埃文斯第二天中午和他一起吃饭。埃文斯只好接受了，因为他要知道将要发生什么事。

"你喜欢编辑《泰晤士报》吗？"默多克在吃完饭后问埃文斯。

埃文斯告诉默多克说："我的集团也在参与收购《泰晤士报》的竞争，您这么问，是什么意思呢，我还是您的竞争对手呢？"

"你还是好好做你的编辑工作吧，这个报纸注定会属于我的。"默多克得意地说。

"我们要继续经营这份报纸，把它做成一份挑战性的、调查性的报纸。"埃文斯说。

"当然，当然没问题！"默多克说。

1月17日，默多克又邀请哈里和他的金融专家泰纳·布朗，到他住的公寓里聚会。布朗在后来的日记里对默多克大加赞赏：

> 我不得不佩服他，也非常喜欢他。他身穿美国绅士的三件套西装，大皮鞋。毫无疑问，他喜欢报纸。和肯·汤姆逊一样，在他的眼里，它们不仅仅是资产。

在那几天的接触中，他们对默多克有更多的认识。哈罗德·埃文斯被默多克迷住了，而默多克也无疑是喜欢埃文斯的。这一点儿都不奇怪。

默多克现在急切地，甚至是不顾一切地在招募新的心腹，或者说是顾问、谋士。对于这样一个出类拔萃的人，他是绝对不会轻易放走的。

默多克的热情，既能打动人，却又不过分，一切都显得非常自然。第一次见到默多克的人，很少有不被他所吸引的，就如同催眠术一样。而哈罗德·埃文斯是一个易动感情的人，是很容易受别人影响的那种人。

当与他合伙的那些人督促埃文斯，让他领导一场"终止默多克"的战斗时，他拒绝了。那时他唯一想做的事情就是支持默多克，尽管他们刚刚认识不久。

1月20日，丹尼斯·汉密尔顿邀请里斯莫格和埃文斯吃午饭，向他们说，其他人都与他没法比，但他必须保证给编辑自主权。所以，他们必须决定需要什么样的保证，并从默多克那里获得。

1月21日，就在默多克答应让埃文斯担任《泰晤士报》的主编之后不到一星期，由汤姆逊家族的人组成的一个小组委员会开了一个会，审查、会诊默多克的新闻态度。他们当中包括3位全国性的主编,即著名的历史学家洛德·达克莱、经济学家洛德·罗尔和铁路工会的领导人之一的洛德·格林。另外一个顾问洛德·罗本斯在国外。参加会议的还有丹尼斯·汉密尔顿、埃文斯和里斯莫格。

当默多克进来的时候,埃文斯说他首先注意到的是默多克刚刚用手整理过自己的黑发。默多克几乎是蹑手蹑脚地走进来,说话的语气非常平静温和,就像一个人到医院探视一位朋友一样。

汉密尔顿告诉他,《泰晤士报》有很高的要求。然后,默多克告诉他们关于自己的一切。他说,他从他父亲那里学到了编辑自由的传统,并且运用它为不同的市场出版不同的报纸。他醉心于那种亏损的报纸。

"看看《澳大利亚人报》。"他说。他希望几位顾问为他推荐主编。他讲话很有信心但又不狂妄。总的来说,他对自己的感觉很好。

他同意他们对他要求的每一件事,提出的所有条件。这里将会有6位全国性的理事,而不是4位。他们将批准主任编辑的任命。

汉密尔顿强烈要求《泰晤士报》应当保持独立性,与默多克的国际新闻公司分开,也不能到《世界新闻报》和《太阳报》的下面。经过短暂的考虑,默多克也同意了。

他还答应,报纸的政治政策将由编辑们确定,其他所有的事情编辑也有权决定。经过4个半小时的讨论,他接受了所有的条件。委员会的每个成员都深受感动。

1981年1月11日,在接受英国广播公司"本周末世界"节目记者采访时,默多克满怀胜算:我们国际新闻公司将在近期内收购泰晤士报业公司,我们互相之间在许多方面已经达成了共识,收购行动只是时间问题。

经过一段时间的寒暄，默多克到楼上谈钱的问题。他的报价显然还不能说是汤姆逊所收到的最好的数目。罗斯莫尔仅为《星期日泰晤士报》就出价2500万英镑，如果他购买《星期日泰晤士报》就必须再买下《泰晤士报》。然后将出价再加上2000万英镑。

但是，罗斯莫尔坚持他必须保留权利，如果他愿意的话，可以关闭《泰晤士报》。而与此同时，默多克刚开始的出价才只是100万英镑，后来才增加至1000万英镑，但他说明这不包括报社的办公大楼，这项资产的价值大约为1800万英镑。

最后，交易在深夜达成，就按默多克所出的1200万英镑的价格。默多克喜气洋洋，他应当高兴，仅《星期日泰晤士报》在格雷斯因路上的办公大楼就值他为整个公司所付出的价格的一半。默多克还保留这一权利，如果这项交易被提交给垄断和兼并委员会，他可以撤出。

第二天，默多克出现在一个新闻发布会上。他的两侧坐着里斯莫格和埃文斯。他被丹尼斯·汉密尔顿视为当今世界上最伟大的报纸出版商之一。做的这笔交易，干得很漂亮。

全国性的几个理事对他的限制不算是一个问题，他仍然可以任命他自己的主编，而投票表决将是不可能的，如果他想这样干的话。他确认这个价格相当于"偷窃"，"我们所付出的价钱不到它的无形资产价值的一半。"

唯一的麻烦，也是最重要的，是垄断和兼并委员会，它专门负责报纸的接管问题。根据《1973年公平贸易法案》，所有的报纸兼并案件都要提交垄断和兼并委员会进行审查通过。如果委员会提出这一问题，并要求调查的话，将不可避免地耽搁时间，在汤姆逊所设定的最后期限前是完成不了的。

布伦顿和默多克都去过贸易产业部，打通关节，希望避免将这一案子提交委员会。布伦顿还警告说，如果一定要审查，这笔交易可能就算完了，而两份报纸都将会关闭。

"我有3600万英镑的补偿金需要考虑。"他告诉政府，宁肯关闭报纸，也不愿意去通过审查。默多克告诉他们，在这种情况下将撤回他的收购计划。

英国政府的内阁成员们专门开了一次非常会议，讨论政府审查这一交易案的问题。政府高层显然很是紧张。流言开始在舰队街上传开了。有人传言说，负责贸易和产业的大臣约翰·比芬说，这项交易应当而且必须提交给委员会讨论，但撒切尔夫人已经批准这笔交易不用经过委员会讨论。

比芬说，他会批准这项交易的进行。关于编辑自主权的保证，审查委员会也曾经提出来，而且要写进《泰晤士报》协会章程中。这样的条款将给编辑们权利和法律武器。

如果默多克违反了这样的条款，他将面临进监狱的风险。埃文斯赞扬这一举动，他对记者协会说，没有一个编辑或记者可以要求得到这么多的保证。在新闻的编辑自主性方面，默多克已接受了许多条件，而现在又得到了商务大臣的强调。比芬说，他受埃文斯的影响很大。但他后来私下承认，政界上层对此确实有过争论。

《星期日泰晤士报》的记者们采取投票表决的方式想运用法律手段来迫使垄断委员会对此事加以干预。他们聘请了一些律师，收集了有关默多克的档案材料，并准备了一些财务报告以证明《星期日泰晤士报》绝对可以正常运作。

2月6日星期五的晚上，一个由新闻记者组成的团体同默多克进行了会晤，他们发现他是一位直爽而又有魄力的人，并且他似乎打算作出一些让步。

上议院议员中有很大一部分人赞成这件事并同意他拥有部分特权。他将允许两名记者进入报业的管理层，使其避免在任命主编的问题上让记者们拥有发言权。

默多克以自己超常的魅力和才华，成功收购了英国泰晤士报业，从而顺利杀进了英国新闻事业的心脏，成为一个毫无疑问的跨国新闻企业的领导人。

与政治人物结盟

收购报社！抢购报社！不断地鲸吞各个媒体！扩张自己的传媒帝国的疆土！

从1979年开始，默多克就不停地购买，也不停地贷款，至1981年6月，他的集团年营业额翻了两番，达到12亿澳元。《泰晤士报》与《星期日泰晤士报》的加盟完全就像是给他在这两年中的全部业绩自然而然地加上一顶辉煌冠冕。

但是，这种全速扩大也有很大风险，公司的外债和支付利息的费用也同时疯涨。两年中，新闻公司仅通过汉布罗斯公司筹借的欧洲贷款就达1.85亿澳元。

在购买《泰晤士报》前后，他又买下了一笔债务。不过已经有人比他自己更不相信他：就在买卖成交的消息见报的当天，里斯莫格宣布辞职。他的继任者哈罗德·埃文斯来自《星期日泰晤士报》。哈罗德·埃文斯曾在1969年见过默多克，因此，在交易尚在进行时便成了默多克的物色对象。

埃文斯在《星期日泰晤士报》的成功对他十分有利，他无法抗拒改进这张日报及介入其神秘氛围的诱惑。当默多克向他提出请求时，埃文斯便穿过联结两座大楼的桥头，开始编辑《泰晤士报》。版面设计是他的拿手好戏，几周后报纸便焕然一新。

使用电脑后又出现了新的字体样式。报纸开始刊登重要新闻，后来又登载一个活跃的托利派专栏作家的文章。默多克很高兴，为了证明在他的所有权下报纸是怎样发展得蒸蒸日上的，他回到澳大利亚后甚至在法庭上展示了《泰晤士报》的样报。

默多克和埃文斯的合作就这么开始了。埃文斯随意雇用采编人员，其中的佼佼者成为他工作上的助手。埃文斯则是他们心目中的英雄，并常常像一个忏悔神父。不过新聘用的人员在《泰晤士报》仍占少数，他们对报社的老人持怀疑态度。

任命一名副主编所遇到的阻力表明办成一件事情有多难。62岁的现任副主编路易新·赫伦不肯让位，埃文斯想要《星期日泰晤士报》的雨果·扬，但无法调他过来。

于是，默多克和汉密尔顿便推荐国际编辑道格拉斯·霍姆，以作为对"老前辈们"的一种姿态。这在默多克确实是前所未有的。

作为一个热心的新闻记者，道格拉斯·霍姆已在《泰晤士报》任职17年，他熟悉这里的人际关系，也是一个优秀的管理者。他要求介入一切政策性问题，埃文斯把所有信函均向他开放。看来他们俩合作十分愉快。

默多克在1981年对埃文斯放手的原因之一在于他必须忙于应付同罗伯特·马克斯韦尔的两次冲突，在行将对簿公堂前一周才解决了他们的争端。

在埃文斯这一边，《泰晤士报》应该从哪里去抢读者呢？

《每日电讯报》是个明显的对手，但该报的许多读者对它却出奇地满意：61%的读者根本不读其他日报，只有7%的读者也阅读《泰晤士报》。《泰晤士报》的读者却远没有如此满足：只有31%的读者不看其他日报。

埃文斯最全力以赴的一项改革内容是对白厅进行信息丰富的报道。这是其他全国性报纸都没有的，跟踪上层官僚的政治动向。

1965年《星期日泰晤士报》曾派托尼·霍华德报道文职行政机构的情况，威尔逊首相立即命令禁止他进入行政机关的大门并进行报道。

埃文斯选择了另一条途径，他任命伯纳德·多诺为助理编辑，给他调派了一组得力的记者。他们进行了3次重大调查，对白厅进行连续报道。但正是这些报道把他与默多克在政治立场上的分歧暴露出来了。

默多克在美国发展阶段，跟美国的政界来往频繁，很多政要都是他的好朋友。甚至美国总统也成了默多克的好友。

20世纪80年代初，有一次他与里根共进午餐时，总统的年纪和身体的虚弱使他大吃一惊。尽管如此，默多克珍惜与白宫的良好关系。在这次午餐上，里根实际上睡着了。其他的客人继续吃饭，而男侍者不停地收盘子。最后里根睡醒了，好像得到了什么信号又变得兴高采烈。后来默多克形容这次经历"令人难受"。

默多克与理查德·尼克松的关系也变得很友好。默多克认为，对水门事件这类丑闻的调查不是报界的目的。

他对波士顿的一群商人说：

> 我之所以与这个国家里我的绝大多数同行持相反的观点，是因为我觉得，新的新闻业竞争的狂热有时到了使政

府倒台的程度。

使人丢脸的是，每天我们能够并且的确读到有关我们的国防和外交政策洋洋洒洒的文章，却根本不承认我们的自由正面临的危险以及俄国和古巴在这个大陆上的军事基地造成的恐怖后果。

除了跟美国总统交好之外，默多克在英国也有政界的"靠山"。他对于首相撒切尔夫人的支持，使他在英国事业发展得如鱼得水，所向披靡。

在1979年的选举中，《太阳报》站出来公开地高声支持玛格丽特·撒切尔夫人以及保守党人，并且对他们大加赞赏。最后，撒切尔夫人顺利地赢得了选举。在之后的十多年里，这份报纸便长久地保持着对她的忠心，而此种忠心也得到了回报。

在整个20世纪80年代期间，默多克与撒切尔夫人彼此相互鼓励和支持。"撒切尔革命"和"默多克革命"共同携手走过了10年。

早在20世纪70年代末期，《太阳报》的生产工作经常会因工会纠纷而被迫中断。工会抱怨说，虽然这份报纸赚取了巨额的利润，默多克却依旧拒绝投资改善其工厂。

这在某种程度上说是事实。坐落在波维尔大街上的《太阳报》的所有设施，包括编辑部和印刷部在内，都已经破败不堪了，在英国传媒舰队街上可能是最差劲的了。不过，因为面对罢工而导致每年上百万英镑的损失，默多克已经变得快没有耐心了。

"舰队街印刷工会是由动机不纯的坏蛋们把持着。"《太阳报》的主编拉里·兰博这样说。

兰博还说，他在默多克本人之前，就知道了撒切尔夫人的一些意图。在撒切尔夫人成为党的领导人以后，接受了一些顾问的意见。这些人认为，在对选民的影响方面，《太阳报》《镜报》以及《每日邮报》此类流行报纸，要比那些严肃的报纸大很多。而《镜报》一直是前工党的报纸，不过这些人建议她做一做《太阳报》和《每日邮报》的主编的工作。

不管是兰博或是默多克，都不想称自己是一个保守党人。不过，他们两人一致认为，詹姆斯·卡拉汉的工党政府是一个大灾难。到1978年，有人给兰博提出建议说："除撒切尔夫人外，别无选择。"不过，默多克十分担心会丢掉工党的读者群，他还曾经打电话问过兰博："你仍然在支持那个铁血女人吗？"

1978年至1979年的这个冬天，公用事业部门的罢工行为造成大街堆满垃圾，尸体没有办法火化和安葬。兰博引用了莎士比亚的一句话作为报纸一篇文章的标题《不满意的冬天》，用来敲打政府。

在1979年年初，当时卡拉汉首相出国参加"七国集团首脑会议"，好像明白了这个国家对他的不满已经达到了一定程度。

撒切尔夫人来到了波维尔大街。兰博说她："接受了一杯威士忌，脱掉了她的高跟鞋，和我们很投入地谈了好几个小时。她给我们大家都留下了很深刻的印象。"

兰博还曾经去过她的住所拜访她，"谈她竞选的计划"。他给撒切尔夫人提供过很多建议让她参考，特别是与大众传媒方面相关的。

在1979年5月3日的选举日，《太阳报》用了整版篇幅在第一版发表了社论，声称"这次选举只有投保守党人的票，才是终止骚乱的唯一途径"。

默多克对于报纸对保守党的支持态度似乎还不太满意,他让兰博用"这次"来替代最初的"今天"这个词,意思就是,《太阳报》并不会永远支持保守党。这篇社论强调,《太阳报》作为一份激进的左翼报纸,督促人们投保守党人的票。

几个月之后,在默多克购买《太阳报》10周年的时候,撒切尔首相寄来一封信,信中写道:

祝贺你们的第一个10年,我相信《太阳报》将在今后的岁月中,在帮助重建我们国家幸福上,起到非常重要的作用。

在1980年年初,撒切尔夫人恢复了过去的传统,她向帮助过她的记者与报纸的老板们表示感谢。这个传统一直持续在她当政期间。

在整个1981年,撒切尔政府和新闻集团都时运不济。英国正经历着自第二次世界大战以来最严重的一次经济衰退。

9月危机突然爆发,起因是两个主要的印刷工会之一英国印刷工会在《星期日泰晤士报》的分会威胁"要退出合作"以支持该协会再次增加工资的要求。

默多克在接管《泰晤士报》时没有对工会采取积极的行动。然而,现在他声称如果英国印刷工会不合作的话,为这两家报纸工作的人将被禁止进厂。没有人会拿到工资,甚至连那些习惯于被汤普森宠爱而现在感到害怕的记者也是如此。

结果,报纸停刊一次,英国印刷工会让步。但是许多记者与默多克之间的隔阂加深了。

他要求工会同意在几天里裁减600份工作。他说，报纸在"流血致死"；如果不这样裁员的话，他将被迫把报纸关闭。与此同时，如果是那样的话，为了保护报纸的商标权，默多克正悄悄地力图把《泰晤士报》和《星期日泰晤士报》的名称权从泰晤士报系股份有限公司转移到拥有《世界新闻》和《太阳报》的国际新闻公司。

2月5日，默多克会见《泰晤士报》的高级管理人员，向他们通报报纸的金融危机并警告他们，如果工会不加强合作的话，报纸可能被迫关闭。

查尔斯·道格拉斯·霍姆问公司资产清理人员是否能够拥有报纸的名称，默多克简单地回答道，它们"可能不行"。这个简略回答在格雷斯因路周围传开了，于是《星期日泰晤士报》的记者去公司大厦检查泰晤士报系的抵押记录。他们发现在泰晤士报系的资产清单里现在没有提到"名称权和版权"。它们已经被转移到国际新闻公司。

这样处理的目的是剥夺泰晤士报系的主要资产，也就是报纸的名称权。如果公司被停业清算的话，报纸的名称权将仍然是默多克资产的一部分，可以随意重新使用，并可以重新出版以它们的名称冠名的报纸。

理查德·西尔比后来说：

> 我们当时在泰晤士报系遭受的损失非常大，国际新闻公司无法承受。我们那时还比较弱小。工会认为可以随意摆布我们。
>
> 因此我们想，我们占有报纸的商标并干脆把它转移到国际新闻公司。以后如果发生严重的罢工，我们就可以关

闭泰晤士报社并马上创办一份名叫《新泰晤士报》的子报纸。

我们想保护这两家报社，不是消灭它们。我们的律师法勒夫妇以书面的形式告诉我们，这样做没问题。

埃文斯和费兰克·贾尔斯都出席了于1981年10月举行的董事会，会上批准了报纸名称的转移。他们两人都没有表示反对。然而当他们的记者指出这件事的重要性时，埃文斯授权《泰晤士报》进行调查。

1982年2月，该报刊登了一篇详细的报道。特雷弗·罗珀声称，事前没有经过协商初步地违反了默多克购并两家报纸时签订的条款。《泰晤士报》原来的主编威廉·里斯莫格要求取消报纸名称的转移。政府说它正在研究这件事。

默多克叫理查德·西尔比从墨尔本过来处理这个难题。2月17日，国际新闻公司宣布，报纸名称正重新被转移回泰晤士报系。

后来，埃文斯和默多克发生了很多摩擦，两个人的关系进一步恶化，埃文斯选择离开。埃文斯辞职几星期后，阿根廷入侵马尔维纳斯群岛，英国与阿根廷开战。默多克赞同撒切尔夫人坚决收回马尔维纳斯群岛的决心。

4月22日，默多克被纽约全美犹太人代表大会选为"当年最杰出的传媒人物"时对听众说，阿英冲突将提醒人们中东可能发生的事件：问题的焦点是民主与独裁的对抗，支持英国的理由与支持以色列的理由完全一样。

默多克所有的主编都作出了相应的反应。在《星期日泰晤士报》，弗兰克·贾尔斯发表了一篇几经斟酌的文章。他说他希望冲突能够经过谈判得到和平解决，他还力图替英国外交部开脱，因为许多人指责它没有能够预测到这次入侵。

在《泰晤士报》，查尔斯·道格拉斯·霍姆称阿根廷的攻击是"赤裸裸的侵略"，是自从阿道夫·希特勒垮台以来绝无仅有的。接着他声称："我们现在都是马尔维纳斯群岛的人。"

该报对外交大臣卡林顿勋爵在英国外交部没有预测到这次入侵的情况下继续执掌外交部的能力提出了质疑。就在同一天，卡林顿辞职。《太阳报》声称，自从《慕尼黑协定》签订以来，外交部就一直是绥靖分子的庇护所。

《太阳报》进行了一场明确反映其主编凯尔文·麦肯齐个性的著名战争。默多克任命他接替拉里·拉姆爵士，希望他把报纸办得生动活泼，他没有让默多克失望。

麦肯齐生于1946年，具有郊区人顽固的性格，喜欢直接在出版物中装出工人阶级粗鲁的样子。像默多克一样，麦肯齐的脾气大得吓人，他常常在最激烈的"臭骂会议"中把他的记者痛骂一顿。他给公众的外表是疯狂野蛮，他同样鄙视默多克最讨厌的权势集团。

除此以外，他蔑视《每日镜报》社会主义的同情心和《卫报》的自由主义倾向，他把《卫报》称之为"世界上最糟糕的报纸"，说其他的"高品位的"报纸只不过是"不受欢迎的报纸"。他坚定不移遵守的座右铭是"报纸的每一版都要使人震撼和惊异"。

默多克似乎把他当成一个任性的儿子来看待，一个只能迁就的怪才。对《太阳报》的记者们来说，麦肯齐主政时期就像是由一疯狂的魔鬼操纵的环滑车。他开始进一步使报纸面向低收入阶层，或者如默多克所说，使它变得更通俗，来赶上快报报业公司旨在削弱

《太阳报》而出版的《星报》。

《太阳报》完全被马尔维纳斯群岛战争的狂热所笼罩。《太阳报》的记者给自己定了军衔，温斯顿·丘吉尔的画像挂在新闻编辑室的墙上；当英军特混舰队起航驶往南大西洋时，他们发明了一个新口号："给我们将士以支持的报纸。"

参加马尔维纳斯群岛战争的许多英军士兵对《太阳报》报道和标题的恐怖侵略主义感到很生气。它指责英国广播公司不偏不倚的报道是"叛国"。

1983年5月，在马尔维纳斯群岛的战争中获胜还不到一年的时间，撒切尔夫人请求全国人民支持她连任。不过当时有300万人失业，这种情况却是一个意想不到的结果。

《太阳报》把撒切尔夫人写成马尔维纳斯群岛战争英雄，用反对党工党混乱的局面来突出她勇敢有力的领导才能。据说保守党正在建设一个新英国：英国"在马吉的领导下向守旧的传统告别"。以"马吉对英国伟大时代的展望"为标题的保守党宣言占了两大版的篇幅。

1979年，在大选过程中，该报建议"投保守党一票"。《泰晤士报》表达对撒切尔夫人的支持显得更为婉转，《星期日泰晤士报》倒是没有公开支持撒切尔夫人，但是最后它还是选择支持保守党阵营。

默多克在媒体上给予撒切尔夫人的支持让她最终获得了大选胜利。

计划进军好莱坞

　　好莱坞一直是电影世界的梦幻工厂，默多克看中了这块地方，这是他传媒帝国的又一块"沃土"，他志在必得。已经是报纸业的传媒大亨的默多克，开始了新的"领土"的争夺。

　　自1884年德国科学家尼普柯夫发明电视扫描盘这个电视机荧光屏的雏形以来，电视技术不断地取得飞速发展。20世纪三四十年代，世界电视技术已经取得进步，电视开始进入了它的蓬勃发展期。

　　1950年，世界上已有104座电视台，但是，民间电视机的使用量不到1000台。

　　1966年，走在世界前列的美国彩色电视机超过1000万台。它的发展清楚地告诉我们：一种新的新闻媒体正在蓬勃发展。

　　电视技术不断地得到更新。

　　1945年10月，英国人克拉克提出静止卫星通信的设想，他是构想出卫星通信的第一人。早在卫星制造技术发明之前，克拉克就在自己的书中详细描述了想象中的卫星以及其与地球运行之间的关系，并以此为依据重新界定了国家主权。

原本克拉克以为要实现他的构想至少要50年的时间，他甚至没有预见到，后来几年里科学技术会有如此突飞猛进的发展。

1957年10月4日，俄国发射了第一颗人造地球卫星。

1977年，印度第一次成功尝试使用卫星进行电视转播。世界的发展是飞快的，至20世纪80年代末，只需要一个接收器和一台电机，几乎任何卫星都可以把节目直接传送到千家万户。

卫星的轨道左右着全世界，这种技术给一个像新闻集团这样的传媒王国提供的跨国商机是无限的。

媒体不断创造着神话。在世界上，尤其是美国社会中，电视作为媒体传播手段所起到的重要作用，默多克看得非常清楚。他认识到一个媒体的改革时代随着科技的发展即将到来，电视电影等新的立体载体将占领全部或部分新闻市场。

然而报纸作为一种传统的平面新闻载体，将受到现代媒体空前的挑战。

具有超常预测能力的默多克说：

> 从消费者的角度看，电视一直在发展壮大。新闻集团是大众化新闻及娱乐产品的创作者和经营者，要取得成功只有靠电视。

默多克向美国电视界进军遇到的最显著的障碍是美国电讯法，它禁止外国人控制任何电视频道。电视管理者对报纸和电视之间的交叉持股也很不以为然。默多克因此开始探索最新的传播形式。

1981年在一次接受记者采访时，默多克因其成本太昂贵而排除了有线电视，认为卫星广播是打入美国家庭的一种更为经济的途径。但他当时又说，他对这种系统仅有"阵发性的兴趣"。这会不会是掩人耳目呢？

起码，当他聘请南加利福尼亚大学未来学研究所的一个澳大利亚人组建了一个研究小组后，他那"阵发性的兴趣"便成为经常性的了。

1983年上半年，新闻公司盘下不景气的PLC卫星电视公司的多数股权。它还更加雄心勃勃地获得了设在加利福尼亚的泛美卫星电视网，后来改名为斯凯班德公司，其总部移到了纽约第三大街上，处于默多克的直接监视之下。

斯凯班德公司租赁SBS-3卫星的脉冲转发器，制定了1984年5个频道的播发日程，为在美国边远地区设立用以接收卫星信号的地面站编制了款项可观的预算。默多克之所以愿意把新闻公司在未来两年的利润花在这些项目上，原因在于可以借此机会"触电"。

默多克很早就对电影业感兴趣。1980年，他和澳大利亚影视业企业家罗伯特·斯蒂格伍德建立了一个合资企业。这个企业最初的设想是年产3部好影片。但未能如愿，但他们的确拍摄了一部非常成功的影片，名叫《加利波利》。这部影片由彼得·韦尔导演取材于60多年前老默多克作为一名记者所报道的那场战争。

这部影片播放后受到极好的评价，极大地增加了默多克对娱乐业的兴趣，同时增长了他的信心，他开始急不可待地向世界娱乐业的核心好莱坞进军。

默多克曾经说过：

　　我不是为了进入娱乐业而进入娱乐业的，这是进入传媒业，以及进入传媒业核心部分宏伟战略的一个组成部分。

默多克认为，新闻业本身从商业上来讲是难以生存的，它必须仰仗着娱乐业的支持，他相信娱乐业与电子媒介将比新闻及出版对他的帝国更重要。

事实上，在1981年，默多克就曾想收购福克斯公司。但是，当他看到丹佛石油商马文·戴维斯和雄心勃勃的纽约商人马克·里奇联手，用7.22亿美元收购20世纪福克斯公司时，他只好望洋兴叹，他认为这个出价太高了。

默多克收购福克斯公司没有成功。福克斯的失败并没有吓退默多克，相反，他越来越渴望获得一家好莱坞的主要电影制作厂家。

1983年和1984年年初，他又对华纳通讯公司进行了突袭。这家公司拥有一家电影图书馆，是一家规模较小的电影制作公司。

默多克这次进军并没有像上次那样盲目，而是抓住了一个大好时机。

默多克再次前往好莱坞，斯凯班德公司的计划是开设5个频道，其中2个是电影频道，另外3个频道播放美国有线电视上最成功的节目。

尽管它的成功与否带有巨大的风险性和不可预测性。但默多克和以往一样，对这个项目极度乐观。

1983年9月，他对《华盛顿邮报》说：

> 结果要么是一片溅满红墨水的尸横遍野的战场，要么是一场呱呱叫的漂亮仗。这风险值得一冒，不过我要先

说，要过三四年才能见成效。

要使这个项目顺利并成功上马，默多克必须保证能得到稳定的节目来源，其需要大量影片。但电视台、广播台伴随着有线电视革命，如雨后春笋般地在美国大量涌现，随之导致的是对影视产品的激烈竞争。

影厂深知自己是处于卖方市场的优势地位，对后来者是毫不客气地展开攻势。

此外，他的计划起初估计能得到一个1700万个乡村家庭的市场，但除去竞争对手可能夺得的份额后，这个数字后来修改为200万个。加上当时电视卫星技术的局限，最终使斯凯班德公司的计划搁浅。

1983年11月初，斯凯班德公司宣布这个项目推迟到18个月后才开始进行，但这次演习是很有价值的。

默多克明白了，如果他打算在美国电视业发展，就必须先确保有可靠的节目来源。因此他毫不松懈地在这方面努力。

默多克知道，现在是发展电视节目的有利时机。

于是默多克四处寻找有趣的电视节目，因为他已经预测到未来的行业发展趋势的前景是非常可观的。到时候8个广播卫星将传播200多个频道的电视节目。

这些对于默多克而言，是促使他进军电视行业的催化剂。

获得最大电影公司

20世纪80年代中期，随着新的拍摄技术的引进，娱乐业发展进入了日新月异的上升阶段。由最初的照片、幻灯片，发展为无线电广播、电影、电视、卫星广播，递进式地增强了美国娱乐业的威力和影响力，吸引了越来越多观众的目光。

这时，娱乐业已经在美国的众产业中占据第二大出口行业的地位。在人们心中，国际文化的象征不再是莎士比亚的《罗密欧与朱丽叶》，而是美国好莱坞的歌舞升平。

美国娱乐业已经发展成为影响全球的产业，正如美国制造的可口可乐、百事可乐、麦当劳等国际产品一样，无处不在。那些娱乐行业的偶像明星，诸如披头士乐队、迈克尔·杰克逊等，影响了全世界的整整一代人。

这些偶像明星基本上都属于美国特有的。当时，英国《经济学家》评论，美国在娱乐方面的影响，如同沙特阿拉伯在国际原油中的地位一样。而好莱坞的电影制作，直至今天也是美国大片的最大的"梦工厂"，它是娱乐业的中心。

20世纪80年代，福克斯公司在美国传媒界占据了重要地位，它制作的《音乐之声》《星球大战》《巴顿将军传记》等影片深受人们的喜爱。志在扩展传媒帝国的默多克将目光集中在了福克斯公司。

默多克对于福克斯公司的电影档案馆特别感兴趣，这是默多克关注福克斯的主要原因之一。

另一方面，美国娱乐业在全球的巨大影响力改变了默多克的发展观。他认识到，对于他的帝国来说，娱乐和电子媒体比新闻和出版更为重要，决定着帝国未来的命运，因为新闻本身在商业上是无法生存的，它必须靠娱乐来支持。他必须将目光集中在美国这个娱乐大国上。

从此默多克的兴趣更主要地放在娱乐方面，而不是在教育引导人们的方面，收购的目标毫无疑问集中在娱乐业上。

20世纪80年代福克斯公司的内部危机正好给了默多克一个好机会。公司的大股东之一马克·里奇和税务官发生重大争执。他为躲避国内收入署的追查，准备逃离美国去瑞士。

因为急需现金，1984年里奇被迫将他在20世纪福克斯公司的股权以1.16亿美元的低价卖给另一个大股东戴维斯。获得福克斯公司全部股权的戴维斯却没有将公司好好发展下去，因为几部大制作接连失败，福克斯公司接连出现亏损现象，加之戴维斯的石油生意也不尽如人意，使得他的经济状况变得非常困难。

在这种情况下，戴维斯决定转卖福克斯公司的一半股权。面对这样一个好莱坞最大的电影厂、一个全球最大型的电影档案馆、一个能够为自己提供最多电视节目的制作单位，默多克是绝不会轻易放过的，他一边对外声称自己并不打算控制这家公司，一边马上着手筹集资金。

1985年，默多克以2.5亿美元购买了福克斯公司一半的股权。后来，经过多次的购买，默多克拥有了福克斯公司82%的股权。至2005年，默多克再次以将近60亿美元收购了剩下的福克斯公司18%的股权，此举意味着新闻集团将完全掌握福克斯公司的所有权。

对于默多克来说，买下福克斯公司是他建立世界性传媒和娱乐业王国的过程中最令他兴奋的一步，也是最基本的步骤。

他说：

一个完整的传媒公司，必须既能报道新闻也能够产生娱乐性作品。但你用什么方法才能使二者兼顾呢？是用杂志的形式还是用电视的形式？要完成这两件事你必须具有一定的创造性。

电影就是一种创造性的劳动。我走进娱乐业不是目的，而是媒体行业经营策略的一个组成部分，是这个行业的中心内容之一。很多人都认为全球经济不能一概而论，但实际情况却正是如此。

在许多事情下，道理是一样的。好莱坞吸引着众多的人才，这里的电影制片厂有着特殊的地位。所以说，如果有了一家电影制片厂就等于有了更大的发展机遇。

这是一次完美的收购，福克斯公司是默多克的一座真正意义的"金山"。1985年，默多克并购福克斯公司后，他对电影部门没有做出很大调整，他只是从派拉蒙公司挖来巴里·迪勒，创建了福克斯电视网。

电视网对电影公司是很有益处的，比如，2007年，20世纪福克斯公司就把极受欢迎的动画电视剧《辛普森一家》搬上了大银幕；另一方面，默多克继续挖掘福克斯公司的电影潜力，他拿出了福克斯公司曾经作为"撒手锏"的《星球大战》，新的《星球大战》三部曲全球总票房超过了26亿美元。

值得一提的是，这家公司的另一卖座的大片《泰坦尼克号》。这部片子于1997年12月19日在北美市场上映，在全球赚下18.35亿美元。15年后，再次卷土重来，2012年，电影《泰坦尼克号》采用3D立体技术重新制作之后，又在全球热映中获得巨大票房收入。

电视集团的诞生

在电影行业的巨大成功，没有让福克斯公司沾沾自喜，它还要向电视传媒领域进军，成为电视行业的"龙头老大"。

1987年3月1日，他们把福克斯公司发展成为美国第四大电视网。许多人都觉得他们正走在自寻灭亡的道路上。在过去很长的时间里，并非没有任何一家公司敢去挑战三大电视网，如 CNN 旗下的 CNNfn 洛杉矶电视公司、KWHY 旗下的 FNN，均失败于此。

对于一个新成立的独立的电视台，基础力量薄弱，人们很难想象这个新的电视网怎么打进美国电视市场，并且获得巨额的广告利润。

早在1973年，全球性的经济大危机爆发，那时美国人深信，他们正在享受经济发展的成功，有更好的住房、更多的汽车、更好的教育，但所有这些开始被动摇了。美国中产阶级对政府失去了信任，美国的大多数家庭承受着生活的巨大压力。经20世纪80年代，里根上台后形势有所好转。

20世纪80年代末，美国长达10年的经济高速发展突然经历了大波动。最富的与最穷的美国人之间的差距继续拉大，通货膨胀加剧，中产阶级对社会和个人生活丧失了信心，传统的家庭核心制由此经受着巨大压力。

ABC、NBC、CBS三家大的电视网的观众已经从1977年美国电视观众的93%下降至20世纪80年代末的70%。20世纪90年代初，福克斯电视网改变了美国电视市场的格局。福克斯电视网从其他电视网的失败之处入手，做了很多细致的工作。

20世纪90年代，福克斯电视网的成功反映了当时美国人生活发生的巨大变化。福克斯电视网，对于电视上的尝试，最成功的就是推出了一些让观众痴迷不已，贴近美国人现实生活的电视剧。

20世纪80年代末，福克斯电视网推出了它的木偶剧《辛普森一家》。赫默尔·辛普森是一家核工厂的工人，没什么志向，妻子是一个性格怪僻的护士。他们有3个孩子，郁郁寡欢的丽莎，每天靠母亲安慰的婴儿玛基；主角巴特是一个调皮的孩子，不愿受任何约束，是街上的精灵，富有侵略性又常常因小聪明而吃苦头，喜欢捉弄人，操纵别人。在许多方面，他都像默多克，但巴特是一个不成功的家伙，而默多克却如日中天。

可怜的辛普森和他那不幸的、孤独的家庭打动了几乎所有美国人。这个节目让福克斯电视网在尼尔森的收视率上升到第一位。《辛普森一家》成功的原因，其一，它反映了美国人生活中的巨大变化，贴近了美国人的生活现实。电视观众喜欢听辛普森一家所说的朴实的话。

其二，它体现了福克斯电视网的大胆创新，制作一批有刺激性的电视剧以吸引青少年观众。默多克看到了这个观众群体所具有的无限潜力，他们拥有开拓精神，并且乐于接受新观念，这也正是福克斯电视网的风格：年轻、富有活力，喜欢标新立异，甚至有时候肆无忌惮。

其三，它迎合了当时美国人在经济衰退时的心态。《辛普森一家》经常用辛辣的讽刺来攻击权威。几乎剧中的每一个权威式的人物都有缺点。荷马粗心大意，不负责任，与20世纪50年代荧屏父亲截然相反。马芝对她的家庭实施专制统治来缓解她的孤独。市长是一个腐败、荒淫无度的花花公子。种族关系也是剧中的讽刺主题，黑人总是被刻画得更聪明，比如赫波特医生；现实中的白色人种在剧中统统被描绘成黄色皮肤，而黄色人种在剧中却是白色皮肤。剧中也经常讽刺商业习惯和人的性格。

《辛普森一家》占据了星期天晚上的黄金时间，节目播出时，人们都回到家里，整个美国的街市都显得空空荡荡。年轻人和许多上岁数的人，都在到处谈论巴特，印有巴特的T恤衫卖得特别红火。这一家人使福克斯电视网的收视率位居前列，而就在3年前，这家电视网还在担心吸引不了国内的观众。

像《辛普森一家》这样的节目使福克斯电视网成为传播媒介业中受瞩目的明星。许多美国人纷纷改换门庭，投在福克斯电视网门下，成为该电视网的忠实观众。这对广告商形成了巨大的吸引力，1990年，广告收入达5.5亿美元，比1989年增长75%。

后来，在4频道"100个最伟大的儿童节目"及"100部最伟大的卡通片"中，《辛普森一家》名列榜首。《时代》杂志在2000年将其提名为20世纪最伟大的电视节目。

另外，在"100位最伟大的荧屏形象"中，巴特·辛普森也名列榜首。辛普森一家被许多评论家看作是有史以来最伟大的动画。它对于流行文化的影响至今仍然无法超越。

促使福克斯电视网又向前迈了一大步,主人公"巴特·辛普森"创造了这个奇迹,即他已创造了第四大全国电视网。尽管"巴特"给福克斯电视网帮了大忙,成为观众心目中的明星,但福克斯电视网成功的关键在于巴里·迪勒和鲁伯特·默多克这对奇特的伙伴。

在好莱坞制片人中,迪勒是一个特殊人物,他富有开创性也很粗鲁。电动摩托车、高山滑雪和民主政治是他影片中的典型形象和场景。但在政治方面,迪勒是默多克憎恶的那种人。但默多克知道,迪勒是个天才。

他说:"巴里·迪勒是一个少有的人,是伟大的富有创造天才和非常敏锐的商业头脑的组合体。"这样充满活力和智慧的人在好莱坞很难发现。在福克斯公司,迪勒是默多克的默多克。

长期以来,迪勒一直想创办一个更广泛的网络。1984年,默多克购买了福克斯公司。与此同时,美国广播公司、全国广播公司、哥伦比亚广播公司3个电视网陷入前所未有的困境。

迪勒认为机会来了。他和默多克决定扩展业务,打进三大公司垄断的电视网。

福克斯电视公司成立之初,马上网罗了一批个性鲜明的主持人,在明确保守的意识形态的同时,塑造鲜明的节目风格,而且,福克斯新闻台坚持走硬新闻路线,让它逐渐获得了取胜的机会。

默多克并非一举成功,福克斯电视公司从一开始就犯了错误。它所制作的"午夜脱口秀"节目并没有带来轰动效应,福克斯电视公司雇用了离开NBC的琼·理维斯,让她主持自己的"琼·理维斯晚间节目"。

在NBC,当深夜脱口秀约翰尼·卡森缺席时,琼就替代他,成为一个偶然受欢迎的节目的接班人。她主持的脱口秀被称为"刺耳的、嘈杂的琼"。默多克听到这样的评价之后很生气，便立刻取消与她的聘用合同。

而传统系列剧《总统先生》也惨遭收视失败。1987年至1988年两年时间里，投入到福克斯电视公司的资金达1.25亿美元，但却看不到任何回报的迹象，默多克不得不减少投资。但他从中得到了教训——如果福克斯电视公司循规蹈矩按照传统电视网的方式去做的话，肯定不能获得成功。

福克斯电视公司取消了那些失败的节目，换上了成本低廉但内容丰富的节目。渐渐地，福克斯电视公司开始具有鲜明的区别其他的特征，这就是更生动活泼，更富有刺激性，更多地争取年轻观众。

在更年轻的观众中，福克斯电视网以《特雷西·尤尔门系列》取得第一个成功。

从1987年4月至1990年3月，这个节目吸引观众准时坐在电视机前。这又对广告商产生了吸引力，并且，福克斯电视网削减了广告费用。但观众仍没有飞速"奔向"福克斯电视网。

1989年夏天，迪勒感到这个初出茅庐的电视网只剩几个月的生命。然而，电影公司开始盈利。

迪勒说：

> 我们使老公司复活了。它原来极其糟糕，我们用尽了每一个重要职员的智慧，总算挽救了这个公司。

迪勒在发明了电视小系列片之后，又制作电视剧《辛普森一家》可谓是最成功的一个。1986年夏天，福克斯公司打算新开办一个栏目，节目的名称定为"热点问题"。

至1989年，这个节目的盈利达到2500万美元。它在全国观众中产生的巨大影响，使这个电视网蒸蒸日上。

《热点问题》播放以后，紧接着又推出一个更为现实的节目《美国最大的通缉犯人》。虽然福克斯公司不是第一家采用这种现实风格的电视台，但它把这个理念发挥到了极致。穷凶极恶的罪犯成了黄金时间的大明星。美国人对暴力犯罪案的迷恋使这个节目迅速走红。

福克斯公司的另一个黄金时间广受欢迎的现实节目是《警察》。尽管每个电视网都喜欢播放有关警察的节目，但是福克斯公司却另有新方式，它采用真实的警察来当"主演"，让人们看到真实的警察追捕真正罪犯的过程。

这种现在叫作"真人秀"的节目，在当时的电视领域是前所未有的。这样的电视节目满足了人们猎奇的心理，人们对这样真实的视觉冲击力非常满意，警察和小偷、妓女之间展开的斗争带给观众们很多新鲜刺激的感觉，深受观众的喜爱。

取得印刷革命胜利

在默多克经历过的无穷无尽的事业上的争斗中,再没有比1986年在伦敦东部码头住宅区韦平进行的那一场更为激烈的了。

1985年年底,因接管福克斯公司和都市传媒公司而欠的债务迫使默多克不得不采取措施,从他的英国"金山"挖掘更多的金子。

难缠的英国舰队街工会,使默多克恼怒不已。如果《太阳报》《世界新闻报》和《星期日泰晤士报》能够提高生产效率,默多克知道它们一定会创造出比之前多得多的利润。

默多克需要在保证生产不间断应用新技术等问题上达成协议。在默多克和其他出版商看来,新技术意味着"逐个按键",通过这种方式,记者和广告人员无须排字工的帮助也能独立完成排版。

早在1982年默多克就开始建设一个新印刷厂,厂址远离舰队街,在伦敦城东部的韦平。最初他只想把它建成一家非常现代化的印刷厂。排版和装订仍像以前那样,在伦敦市中心进行。默多克经常亲临施工现场,指导各种设备的安装工作。

新闻记者依然接近不了先进的终端设备。工会提出如果到新厂上班，舰队街所有的旧规矩和习惯做法都要一同带过去。

舰队街的报纸印刷设备旧、生产效率低、职工人数众多是举世闻名的。泰晤士报业公司的职工，在1961年比实际工作需要的人数多了25%。而从1961年至1981年，在工作量未提高的情况下，又增加了25%的工作人员。现在泰晤士报业公司的职工有4200名，而同样规模的美国报纸只有1000名职工。

因此，报业主们普遍认为，更新印刷设备，实行生产自动化可以减少职工人数并能改进报纸的出版发行，乃是解决报纸经济问题的唯一出路。但碍于工会的百般阻挠，20年来舰队街的报纸在这方面的进展甚微。

最先站出来对抗工会的是一个叫作埃迪·沙的人。他是来自曼彻斯特的一个印度人，经营信使报集团。这位沙先生注定要抢默多克的戏，不仅敢作敢为，而且在英国小报界挣了大把大把的钞票。埃迪·沙在1985年震惊舰队街：他放出风声要创办一份全国性日刊小报。

这张刊名为《今日》的小报纸将于1986年年初面世，重要的是它在3个印厂印刷，可是其中没有一个印刷厂设在舰队街。

在这之前，沙就曾在曼彻斯特附近的沃灵顿的工厂里给了工会一记闷棍，他仅雇用电工工会的成员，对全国印刷业协会及联合行监协会的成员则拒不接受。

他和电工工会进行谈判，力争要确立不得罢工的条款，对雇员进行基础广泛的训练，大幅度裁员并给予低于舰队街平均水平的工资。他如果成功，将是英国报纸的一次革命。

由于他的生产费用低于舰队街的水平，预计报纸的发行量仅达到30万份，沙便保持收支平衡。沙的激进措施肯定会对舰队街的报业主们构成严重威胁。

虽然，默多克的《太阳报》挣了很多钱，但都是基于每天400万份的巨额销量得来的。沙还计划创办一份严肃的彩版报纸，其广告收费标准则将远远低于舰队街日报的水平。

默多克知道，沙的新报将切入传统上由《太阳报》提供服务的市场，这便对默多克最赚钱的生意提出进一步挑战。

《太阳报》是当时整个西方世界中销量最大的报纸之一，它是新闻公司的一份重要资产。1985年，这张报纸连同其星期日姊妹刊《世界新闻报》在相同印刷机上印刷，其盈利为7500万英镑。

1985年年底，澳大利亚一所股票经纪公司的分析家巴巴拉·斯迈伯特估计，《太阳报》的封面价格每涨一便士，便会给新闻公司带来1050万美元的额外收入，这是活生生的摇钱树。

《太阳报》和《世界新闻报》为新闻公司提供最大的财力支持，是默多克跨国传媒帝国的血库。默多克不能容忍埃迪·沙砍断他的经济命脉。要想让那些正在对他的资产负债表横挑鼻子竖挑眼的国际银行家们认可，他就必须为《太阳报》和《世界新闻报》做好斗争的准备。

怎样才能击败埃迪·沙呢？除非默多克也能降低自己报纸的费用。最简单的办法就是采用电子技术出版报纸。这是默多克唯一的出路。这样一来，他必须跟工会进行正面交锋。

默多克引用《泰晤士报》专栏作家伯纳德·列文的话：舰队街的报纸是在"把勒索保护费的行当和精神病院混为一体的环境中生产出来的"。

默多克曾抱怨说，在他的出版业帝国中，他给圣·安东尼奥的一家出版社雇了4个人，给芝加哥的一家小出版社雇了5个人，给纽约、悉尼、伦敦的3家出版社雇了5个人。"这些人的薪水至少超过国民平均收入的一倍。"

1985年年初，默多克决定尽全部努力制伏工会。这是一个艰难的决定，默多克选择的时机比较合适。政府已经作出榜样，坚决抵制煤矿工人的罢工。

《泰晤士报》的发行量也在缓慢上升，而《卫报》的发行量已接近50万份。但是，为了多印刷一些报纸，位于格雷斯因路的印刷厂提出额外增加70个工作岗位的要求。

为此，公司一年将支付超过100万英镑的工资。默多克平时与工会打交道时总是小心翼翼，此时终于是忍无可忍了。他同意立即开始拟订把工厂迁到韦平的计划并且很快付诸实施。

他想只向一家工会签订具有法律效力的无罢工协议。停工的车间将被关闭。管理机构将有权任意聘用和解雇员工。记者和电话销售人员将直接使用计算机终端设备开展工作。

换句话说，工会将不得不放弃过去40年中它们一直坚持的一切条件。管理机构将有权改变一切现存习惯做法，切实进行管理。这次管理机构是有路可走的。

默多克采用了两种办法行事。表面上与现行的工会进行谈判，背地里安排一班人在韦平着手安装工厂设备。这家工厂不仅要印刷一份新的《伦敦日报》，而且，还要印刷其他4份默多克拥有的全国性报纸。默多克在韦平作的第一个决定是安装计算机系统。

他本人则只想用到目前为止专为报纸而开发的最普通的计算机技术。这就是3个年轻人，1972年在新英格兰的一座阁楼上研制的阿泰克斯系统。科达公司1982年用800万美元买下了这套系统并把它交给报界各地的500多个客户，它在全美国的报社接受了特别严格的检验。

关于这种争斗，默多克不会忘记过去的失败，但他也从没有过"复仇"的准备。实际上，为打破舰队街报业印刷工会的控制，已经耗资1亿英镑在伦敦东区港湾地带的韦平，建立了一个巨大的新型印刷厂。这个厂在1984年就已竣工，已闲置了两年，并且已经通过工会的检查。

正如1986年3月他在接受《纽约时报》采访时所说：

> 工会把事情全搞糟了，他们到这儿来看过印刷机。我们没让他们看我们的电子计算机，他们也没看到我们在排字方面的准备工作。

收购都市媒介和沙的捷足先登，对默多克最终将印刷厂的搬迁起到了决定性的作用。而这一场大赌博，在银行家们对他穷追不舍的情况下，默多克既不能让《今日》蚕食他的利润，也不能听任《太阳报》闹罢工，让他损失巨额收入。

如果记者也罢工，便无法出版《太阳报》了，默多克帝国将因为缺乏现金蒙受重创。如果《太阳报》停产，新闻公司每天将损失100万英镑的收入。

默多克特别担心在圣诞前夕爆发工潮，因为这是《太阳报》广告收入的丰收季节，一旦停产造成的损失将比平时大得多。最后，默多克不得不行动了。

当时，在新闻公司以外几乎无人知晓他在干什么。没有人意识到韦平之举对他在美国的计划具有何等重要的意义；也没有人意识到他对整个行动进行了多么细致入微的计划，甚至其中还包括利用撒切尔政府强硬的工会法。

1986年1月，默多克宣布将其所有报纸的生产从他们长期以来所驻居的布弗里街和格雷斯因路，搬到仅雇用电气电子电讯和铅管行业工会成员的韦平印刷厂。印刷业工会得知此讯后"暴跳如雷"。

NGA和SOGAT立即举行罢工。像其他对默多克预测不足的人一样，他们此举正中下怀。这次罢工使默多克从两家印刷厂解雇了5500名工人，并在1月份的最后一个周末带领仅仅700名工人进入早就准备好的韦平印刷厂。

默多克还节省了大量的冗余裁员费用，这个行为让工会非常生气，一场跟工会之间的大战将一触即发。工会派出大批的纠察队员来到韦平印刷厂外。

英国首相撒切尔夫人是个"铁腕"的女人，她颁布的《工会法》限制了工会的权力，对于工人的罢工行为，她不遗余力地加以镇压，有这个政坛上的强劲后盾，默多克对抗工会也不再缩手缩脚的了。

尽管如此，在默多克对抗工会的事件中，仍有3000人从伦敦市中心出发游行到韦平印刷厂，试图拆毁周围的铁丝网。

还有一次，一个驶进工厂的卡车司机撞倒了正在执行任务的纠察队员。接着，一个在工厂里工作的《泰晤士报》的记者去附近一家酒吧时，喉咙被人用酒瓶划开了。那些被解雇的工人还尽其所能地阻止报纸的发行，但默多克仍然有办法将大部分报纸发了出去。

不仅如此，默多克还在销售量巨大的《太阳报》里以它独树一帜的风格拿这件事开了回玩笑。

1986年2月，一期报纸的头版在显要位置上刊登了一幅胸部丰满的金发女郎——萨曼莎·福克斯的照片：她头戴一顶钢盔，站在一辆坦克车上,双臂伸向伦敦灰暗的天空。

文章标题使用了一个贴切的双关语"太阳报挺出大炮",文章写道:

> 富于性感的女兵萨曼莎·福克斯在韦平之战中检阅了忠诚于她的部队。她昨天勇敢地将火箭筒指向敌人的防线,向《太阳报》陷入重围的新办公大楼挺进。她击退了印刷业工会的纠察防线,乘坐在一辆装甲车里,风驰电掣般地来检阅我们的部队。

萨曼莎无疑是热情洋溢的,她说:

> 这里太美了。我喜欢那面貌一新的报纸——它使我看得那么清晰。我真想去触摸那些崭新的电脑。

不管怎样,迁入韦平以后的一大优势是,默多克的英国报纸的生产成本大幅度地削减,由于裁减了国际新闻公司的工人,默多克从而每年能节省8000万英镑至1亿英镑。当然将出现一些额外的费用,如利息、工厂治安和建立新的发行系统所需要的费用,但一旦他度过初期的动荡,默多克将节约巨额资金。

《星期日泰晤士报》或许会得到丰厚的利益,在此之前它是在格雷斯因路的陈旧的印刷机上印制的,销量共130万份,当时已是伦敦销量最大的严肃类型的星期日报,但那些印刷机最多只能印80页,在纽约,默多克每星期天可以阅读送上家门的厚厚的《纽约时报》。

搬进韦平后，默多克能将《星期日泰晤士报》的页数增加到200页，这在篇幅上将超过《纽约时报》。那些崭新的印刷机可以让主编安德鲁·尼尔对其读者和广告商们夸口说："从现在起，《星期日泰晤士报》将'砰'的一声重重地落在您的门厅前。"

默多克此举将会改变舰队街的面貌：长期以来那里的工会组织被誉为世界上最难对付的组织。

由于工会的禁令，人们走进舰队街上一家报社的编辑室时，从来就看不到一台电脑。舰队街印刷行会要求资方的雇员要超过工作需要的人数这一做法，几乎是家喻户晓。印刷车间里总是人浮于事，工会拼命维系那种早已过时的分工制度，这使他们成了阻碍历史发展的组织。他们其实早该意识到，从长远角度看，这样做对他们自己也是不利的。

默多克离开舰队街这一富于戏剧色彩的举动，很快引起国内外舆论的注意。在英国，人们把这场争端和里根总统1981年解雇参加罢工的航空交通调度员一事相提并论。

告慰父亲在天之灵

默多克的心中始终有一种痛,就是父亲创设的《先驱报》最后落入他人之手,他一直想把父亲曾经的事业收归自己所有,以告慰父亲的在天之灵。

其他的一些人指出,如果默多克能完成这笔交易,他将控制澳大利亚各大城市全部主要日报和全国日报总量的60%。澳大利亚人为什么能容忍这样大的权力被控制在一个人的手中?难道仅仅是因为他想证明自己没有忘记父亲的幽灵吗?

此时在澳大利亚的新闻媒介,对默多克的野心感到惧怕和反感的人比以往任何时候都要强烈。

澳大利亚政府首先向默多克发出了警告,他们可能要对现行广播行业的政策做一些修改。用当时任政府财政部部长保罗·基廷的话说,政府要让媒体业主们在报纸出版业和电视业之间作出选择。

在澳大利亚,默多克肯定会首先选择报纸出版业。默多克是在阿斯彭度假时开始产生这个念头的。在他休假的这10天中,他每天都会给他在纽约和澳大利亚的公司打两个电话,用来了解公司的情况。

他结束休假回到了洛杉矶,他的秘书带着他的新护照从纽约前来迎接他。默多克乘民航飞机从洛杉矶直接飞到墨尔本,他住在摄政饭店里策划了他的"阴谋"。

由于他已经加入了美国国籍,以美国人的身份,默多克想保留住在悉尼和墨尔本的第十频道电视台就难上加难。他在建设他的国际化传媒帝国的过程中总是遇到国籍问题,原因在于他所涉及的电视行业是一个任何国家的政府都非常重视的传媒中心。

1979年当默多克设法收购第十频道电视台时,澳大利亚广播法案规定,如果一家电视公司15%以上的股份属于非澳大利亚居民时就不能持有营业许可证。

工党那时曾努力证明默多克不是该法案中规定的澳大利亚居民,但默多克运用他个人强大的自我保护力抵挡住了来自一个大型政治集团的攻击。法庭后来的判定是:默多克是标准的澳大利亚居民,可以合法地拥有第十频道电视台的营业许可证。

这项法律后来被政府进行了修订,电视台业主可以不必是居住在澳大利亚的人,但他必须是澳大利亚公民。这项对默多克有利的条款是当时他拥有对政府的超级影响力的强大证明。人们广泛地称这条法案为"默多克修正案"。

但是到了1986年的中期,事情再次发生变化,默多克加入了美国国籍。作为一名美国公民,他将不得不卖掉他在澳大利亚的两家电视台。

在澳大利亚，这被当成了问题的新的部分。

广播法庭的主席德尔德里·奥康纳说：

> 我们的所有权规则对他来说是致命的，因为规则禁止默多克拥有遍布全球的报纸与电视。它打破了界限。我想默多克当时非常急切地要拥有第十频道。
>
> 他刚买下了福克斯公司并说这对澳大利亚和美国双方都有很大的好处。这正是我们所担心的——我们不想被美国的东西所淹没。

这些话反映了澳大利亚的人们对美国文化的入侵产生了担心。担心作为美国人的默多克，一旦在澳大利亚的传媒界叱咤风云，那么对于澳大利亚的本土文化，肯定会造成毁灭性的打击。

据报道，澳大利亚总理霍克却十分赞同那些支持凯瑞·派克和默多克组织的规则变动。霍克所宣称的动机是"国家和解"，这听上去就像默多克是一个主权国家。

像美国一样，澳大利亚在20世纪80年代在债务中越陷越深。资产像扑克牌一样被洗来洗去，不断进行并购重组。人们把这种现象称为"赌场心态"。

这种广泛存在于澳大利亚工党领袖与大亨们之间的"同伴"强者概念，在这个重组过程中扮演了阴险的角色。默多克和凯瑞·派克正是这些同伴中的一员。

霍克称派克说："我的密友……是一个伟大的澳大利亚人。"相反，费尔法克斯公司和墨尔本先驱公司却被认为不可救药地支持自由党、反对工党，是旧有统治集团的代表。

当默多克成为一名美国公民后,他的澳大利亚律师就宣布了一项将第十频道广播网的控制权转移给新闻集团的公共股东和一个新托拉斯的计划,目的是将默多克在这两家电视台的个人股权隔离出来,并保持在一个外国人所允许拥有的15%的最高比例之下。在此建议下,一家名为第十频道广播网控股公司的新公司将拥有这两家电视台。

新闻集团建议它拥有第十频道广播网控股公司不到1%的表决权。而且,政府突然宣布媒体所有者要在"出版业王子"和"影视业女王"间做一选择;广播系统内的变化成为美国交易所有制规则所模仿的对象。

从现在起,业主想买几家电视台就买几家,但他不能拥有在同一市场的一家报纸超过一半的发行量。

这项计划伤害不到默多克或派克,但它将对墨尔本先驱时代周刊集团和费尔法克斯集团非常不利。先驱报业集团在各家市场拥有日报,这就让它无法发展全国的广播电视网。

凯瑞·派克只拥有杂志而没有报纸,所以这些新规则涉及不到他。但是对默多克来说情形就不一样了。设想他保留第十频道电视台的企图失败而不得不卖掉它们,那他现在很可能可以卖一个很好的价钱。

如果不再有"两家电视台"的规定,那些寻求建立全国广播网的人将面对墨尔本与悉尼两市主要电视台价格的暴涨。分析家认为,这些变化将让派克和默多克的电视台价值由8亿澳元增加至18亿澳元。

11月24日,工党内阁最终通过了基廷的提议。在工党决策委员会随后召开的会议上,基廷对先驱报业集团进行了攻击,他说,如果分散转移先驱报业集团的股本会成为一件好事情，因为它不是"我们中的一员"。

几星期前基廷就在纽约与默多克共进午餐时告诉了他自己的计划。默多克后来说这些计划听起来异想天开。他认为这些计划无法在内阁获得通过。

基廷还提醒过派克，但没有预先警告过先驱报业集团或费尔法克斯集团。当内阁同意了基廷的计划并对外宣布时，默多克知道这是卖出自己的电视台，成为一个更强大的出版业巨头的最好时机。他从落基山脉阿斯彭的斜雪坡上冲下来，回到澳大利亚去收购先驱报业集团。

先驱报业集团一段时间以来一直是一个容易被兼并的对象。它是一个公认的老牌公司，拥有可观的资产和一个小心谨慎的管理层。它的旗舰墨尔本《先驱报》，一直以来都是城里销量最大的报纸，但它的发行量却在不断减少。

集团的首席执行官约翰·达西意识到威胁最有可能来自默多克。现在澳大利亚新闻报道在经济上不再处于强势，默多克的报纸不像费尔法克斯和先驱集团那样拥有分类广告市场。

达西试图通过与其他公司实行交叉控股来保卫自己的集团，其中总部设于布里斯班的昆士兰出版公司和总部设于阿德莱德的顾问报业公司是集团两家最大的股东。但有关并购的谣言还是充斥于市。

1986年12月3日清晨，默多克再一次来到曾经属于他父亲的具有悠久历史的墨尔本《先驱报》报社的办公大楼。他告诉该报总经理约翰·达尔森，他正准备收购这家公司，因为这里是他父亲的事业开始的地方。

在 1986 年 12 月 3 日早上 7 时，默多克的澳大利亚总经理肯·考雷打电话给达西，询问默多克能否与他和先驱报业集团主席约翰·戴尔森在上午 9 时会面。"我当然知道是什么事，这很明显。"达西说。

当他进屋时，默多克显得很友好，但他坚持要在下午 5 时得到回复。董事会就此事讨论了一整天，一些人认为他们能够拒绝默多克的报价，但他们不得不考虑他们需要对股东负责任。

在天黑之前，《先驱报》和《每周时报》董事会宣布支持默多克的这一行动。由于《先驱报》是一家晚报，它最先用专版和头版标题宣布了这一惊人的消息。

当天晚上，默多克在他母亲的陪同下，召开了一个新闻发布会。

默多克说：

> 我在《先驱报》受到了圣诞老人的欢迎。收购这个报社，是我在感恩节期间，在美国作出的决定。
>
> 此次收购的目的不是为了经济上的原因，是因为我在感恩节的时候，想到了我伟大的父亲，他的事业是从墨尔本的这所大楼开始的，也是他指引了我在传媒行业的发展方向。所以，我要为他做点什么。

有位记者问他："这是不是您吞下的最大一只火鸡？"

默多克笑了，他说："收购它是因为它的挑战性，它曾经让我伤心过，如果不去理会这种情感就太不应该了。"

默多克和他母亲在《先驱报》大楼的门厅里合影留念。

后来他母亲说：

> 默多克是我丈夫在现代的翻版，他的性格和他父亲非常相似。他是一个喜欢感情用事的人，但是他对每件事都会投入感情。
>
> 我很高兴他在他的职位上干得很好，这也正是他父亲所期望的。他父亲去世得太早对默多克来说是一个挑战，他在潜意识里想证明自己的价值和对得起他父亲对他的信任，也许这就是他成功的秘密。

这是个残忍的发财机会。他支付的价钱是利润的40倍。那天晚上，由于没有比这个还高的报价，董事会建议接受默多克每股12澳元的报价。

如此谨慎的措辞，目的是要调动罗伯特·霍尔姆斯。在先驱报业集团对外宣布此事后，默多克对新闻界说："我的价钱很公平，很慷慨！如果交易成功的话，我将低价卖掉先驱报业集团在墨尔本阿德莱德电视台中的股权。因为在交叉所有权法规下必须得这样做，但从经济上讲，这样做对我来说也是合适的。"

1987年1月15日，霍尔姆斯与默多克做了一笔交易，虽然，默多克早先坚持说他不会这么做。霍尔姆斯同意降低他的竞标价格，作为回报他可以用2.6亿澳元购买位于墨尔本的先驱报业集团电视台和花2亿澳元购买西澳大利亚新闻报业有限公司，该公司出版两家报纸《西澳大利亚》和《每日新闻》。他还将因把他的股份卖给默多克而获得1亿澳元的利润。

费尔法克斯公司又向先驱报业集团提供了另外一个报价，报价明显高于默多克的竞标价格，他建议瓜分先驱报业集团。然而先驱报业集团的管理层认定这个报价来得太迟，默多克已经是不可阻挡。默多克最终重新得到了他父亲当年创下的产业。

当《先驱报》的交易最终敲定后，默多克迅速腾出手来放弃了集团电视台资产，避免广播法庭对他构成的威胁。他把电视台卖给一家名为"北方之星"的与新闻有关的小型媒体公司。

默多克任命约翰·达西为先驱报业集团主席和首席执行官，并指定自己的妹妹詹尼特·卡尔文特·琼斯夫人为经理。她成了董事会中的首位女士。她说她和她母亲和哥哥一样分享着"来自先驱报业父亲亲手所创的事业的兴奋"。

让《先驱报》获得新生是一个首当其冲的重要任务。它的发行量一度超过50万份，现在已经跌到差不多23.8万份。

默多克说："我们打算让它重新打进墨尔本的发源地。它将是一份权威的、优雅的职业性报纸。"

默多克对费尔法克斯公司发起了攻击。埃里克·比彻，悉尼《墨尔本先驱报》的编辑，被任命为先驱报业集团的主编及《先驱报》的编辑。

比彻认为自己是一个严肃的报人而非新闻集团传统上的招人喜爱的人；默多克给了他非常大的财务权限。比彻说他并不害怕那些有关默多克要进行干涉的传言，他发现默多克"具有非凡的才智与魅力"。他开始从费尔法克斯公司中猎取顶尖的新闻记者了。

在1987年7月，默多克正式"启动"《先驱报》的一个耗资数百万美元的广告活动奖，报纸出版时间提前到上午 10 时，这是一项勇敢的行动。

在接下来的几个月中，比彻成功地保持了报纸在市场上占有率的上升势头。

墨尔本社会各阶层对此表示赞许。但后来业主与编辑间的关系出现问题，默多克将父亲的事业恢复到他儿时记忆中的辉煌时刻的愿望最终却无法实现。

与多年老对手过招

在成功地抵制了工会的侵袭之后,那段时间默多克非常自信。世界各地的银行放下架子称赞他在韦平取得的胜利。银行家们几乎是在乞求默多克,让他们的资金通过默多克的神奇机器实现再循环而获得利息。

在20世纪80年代中期令人兴奋的宽松的财政环境下,经济崩溃的乌云似乎很快就被吹散,无论是别人还是默多克自己都认为他是不可战胜的。

至1987年年初,新闻集团成为世界上最大的电信集团之一,它下属的分支机构大约有250家。除了报纸、图书和电视之外,公司还在航空、石油、铝土、毛纺和赌博业中拥有股权。

韦平战役之后,新闻集团的营业额和利润都在迅猛增长,在1986年下半年分别上涨了56%和83%。但是债务也随之开始不断增加。到1986年9月30日的时候,债务已接近公司年收入的总和。

新闻集团的债务主要靠公司的报纸,特别是韦平出版的报纸所得收入来偿还。在1986财政年度,需支付的利息成倍增加,达到

1.6亿美元以上,但现金收入也达到了3.64亿美元。

到1989年,贷款到期和优先股赎回所需资金总额为4.25亿美元;1990年为5.6亿美元;1991年为12亿美元。但是,新闻集团的财务官理查德·萨拉曾却非常乐观。

早在1987年年初他就说过:

> 到偿还时间时,资本金可以重新谈判,如果利率开始上升,我们准备提前换成固定利息债务。我们拥有贷放最高限额和备用协议,一旦我们认为时机合适,我们就准备这样做。

默多克和萨拉曾还时常利用外汇交易市场,实际上是拿公司交易的不同外币价格进行炒汇。他们通常会实现好的效果:1986年,公司记录在案的换汇利润为6400万澳元。

任何事情都不能使默多克止步不前。1986年年底,默多克出高价竞购出版《金融时报》的皮尔逊出版有限公司,同时还以2.6亿澳元的价格买下《南华早报》。

这家报纸是香港最赚钱的报纸,也是亚洲最好的报纸之一。香港的上海银行董事长迈克·桑德伯格说默多克曾对他说他把《南华早报》看成是"东南亚的《泰晤士报》"。

默多克想方设法地降低在美国资助尚未成熟的福克斯电视网的费用。新闻集团已赎回10亿多美元优先股的大部分,其余的也有望很快收回。借款利率已从大约13%降至7%。

7家电视台的运作不如最开始估算的那么好,但一直跟踪新闻集团股票走势的波士顿第一国民银行的分析家理查德·麦克唐纳估计，它们的现金收入已远远超过了财政支出。公司成功运作的原因部分在于高明的会计方式。由 7 家电视台组成的福克斯广播公司至少已经支出了 5000 万美元，但它依然太年轻，因而也没有产生实际影响。

在好莱坞，巴里·迪勒正在谈论"作对抗性节目安排以与其他电视台争夺观众"。他期待能做出对年轻人有吸引力的节目。

福克斯公司为其下属电视台制作并且出售给电视联合会的新情景喜剧《小小的奇迹》和《九对五》都取得了一定的成功，并为新闻集团贡献了 2000 万美元至 3000 万美元的现金收入。

理查德·萨拉曾宣布默多克现在正在巩固传媒帝国的阵地，不再准备进一步扩张"领土"。萨拉曾因为知道默多克一直在说他已经买得足够多了，所以才会得出上述结论，实际上默多克绝不是那么想的。

默多克根本无法抵御做成一笔交易的诱惑。他没有行动计划，也没有精心设计的战略。默多克简直就是单枪匹马地对付整个世界，只要有可能，他就要想方设法取得胜利。

默多克持之以恒地努力创建跨越全球、能够满足世界需求的特殊的传媒王国。在这一过程中，他从未停止吸纳所需要的资金和人才的工作。正如萨拉曾所说，默多克正向纽约出版商哈珀·罗公司猛扑过去。据银行家斯坦利·舒曼说，这又是一个事到临头才临时作出的决定。

美国公众反应表明，自从默多克成为美国公民以来，美国人对他的看法渐渐变好了。现在人们把他看成是努力建设第四个全国电视网的电视制作人，而不是下流报纸出版商。

默多克认为，图书出版是他日后发展的全球出版、电影、广播网的基本组成部分。长期以来,他一直梦想拥有一家美国出版社,使出版社成为澳大利亚安古斯和罗伯逊出版社以及英国威廉·柯林斯出版社的合作伙伴。

自1981年以来,他一直持有威廉·柯林斯公司40%以上的股份。他看上柯林斯出版社的经过对人们了解他为什么要购买哈珀·罗公司是至关重要的。

柯林斯是英国历史最悠久的家族出版社之一。柯林斯的作者包括阿利斯泰尔·麦克莱恩和霍利·高斯特,因为柯林斯在英国和英国的海外市场出版《圣经》。20世纪70年代末,这家出版社遇到困难,因此不得不进行资本重组,家族对出版社的控制力逐渐降低了。

代理董事长伊恩·查普曼和副董事长大卫·尼克林着手改善柯林斯的经营状况。他们联手大幅度削减开支。

至1979年年底,出版社实现收支平衡。1980年,计划实现税前利润200万英镑,而出版社本身价值1050万英镑。

早在1981年年初,有关鲁伯特·默多克即将接收柯林斯出版社的消息就不胫而走。默多克表示有意买下这家出版社,董事会最初表示拒绝后,他从柯林斯家族的一位成员那里买下了31%的股份。按照法律,拥有这些股份使他有权竞标购买整个出版社。

与此同时,马克斯韦尔也把他的股份增加到大约9%。尽管他说过他绝不会把他的股份"卖给那个澳大利亚杂种",但他最终还是卖了。

默多克为购买这家出版社出价2500万英镑。查普曼动员他的作者阿利斯泰尔·麦克莱恩、杰克·希金斯、哈蒙德·因斯和肯·

福利特抵制这一吞并行动。他们一同抗议，希望股东们能拒绝默多克。

1981年7月，股东们确实对默多克的收购行为做了抵制。默多克只得到了41.7%柯林斯有表决权股票和董事会的两个席位。在查普曼的劝说下，默多克本人占据了一个席位，另一个给了爱德华·波克林爵士。

查普曼说，默多克很有风度地承认了他的失败，并且保证他会像非行政管理人员那样做事，他将代表全体股东监督行政管理人员履行职责的情况，参与董事会的决策活动，除此之外，对公司再不加任何干预。默多克还向查普曼保证他将不会恶意收购柯林斯出版社。

据查普曼说，默多克多年来确实遵守了他的承诺，尽管他有权每年增加控股两个百分点，但他没有那样做。在查普曼领导下，加上默多克的鼎力支持，柯林斯出版社在20世纪80年代初重新崛起。从1981年的盈利400万英镑上升至1986年的1500万英镑。

1983年，查普曼为柯林斯买下了格林纳达出版社并重新给它取名为格吉夫顿图书出版公司。

至20世纪80年代中期，他急切地想为柯林斯买下一家美国出版公司作为它的组成分部。1985年，他差不多快把新美国图书馆出版社买下来，但最终因其要价过高而没有完成交易。

1987年年初，哈珀·罗出版社进入他的视线。创建于1817年的哈珀·罗出版社曾经出版过赫尔曼·梅尔维尔和马克·吐温的著作。

至20世纪80年代中期，它成为纽约最后几家独立出版社之一。尽管它有极好的重版书目录，董事会仍试图建立起防御体系，以免被他人收购。

出版社最大的股东是律师兼编辑西奥多·克罗斯，他拥有5.3%的股份。3月9日，他以1.9亿美元的惊人报价意欲收购哈珀·罗出版社，每股价格达到34美元，而市价只有24美元。哈考特·布雷斯·约万诺维奇紧随其后提出2.2亿美元的报价。

默多克立即看出这是购买这家美国出版社的绝好机会。他认为新闻集团需要这么一家出版社加入。他给一直与哈珀·罗出版社董事长布鲁克斯·托马斯谈判的查普曼打了个电话。

查普曼被默多克的热情所感染，他和哈珀·罗出版社早有私人联系，因此同意给布鲁克斯·托马斯打电话，向他建议让柯林斯出版社充当救援者。托马斯答复说哈珀·罗出版社很愿意让柯林斯参与进来。

经过哈珀·罗、柯林斯和新闻集团3方磋商后，一笔交易完成，但随后查普曼和默多克又达成一致意见：新闻集团将全部买下哈珀·罗出版社，三四个月以后柯林斯将有权购买哈珀·罗50%的股权。查普曼非常满意这笔交易，他让哈珀·罗出版社的行政人员相信默多克并不可怕，他将成为柯林斯理想的合作伙伴。

默多克的出价是3亿美元，这使哈珀·罗的股票价值达到每股65美元，这个价格是公司利润的45倍，可以说是一个极为慷慨大方的出价。

托马斯坦言："如果有人报给你的价钱比你通过盈利获得的多得多，那你不得不接受这个报价。"

默多克显然比哈考特·布雷斯·约万诺维奇更让人放心，预计后者仅仅是想接收上市证券，然后就把哈珀·罗肢解了。在纽约第五大道默多克的公寓会谈之后，哈珀·罗出版社的管理层接受了默多克的报价。

几个月后,默多克按照已达成的协议,以1.56亿美元的价格将哈珀·罗出版社50%的股份卖给了威廉·柯林斯出版社。柯林斯和哈珀·罗联手后,默多克就创建了一个最大而且实力最强的英语读物出版社。

《时代》有限公司以5.2亿美元买下了福斯曼·斯考特学术出版社。在许多人看来,哈珀·罗出版社被出售给默多克一事是对"高品位"出版的又一次沉重打击。

许多人担心出版商会越来越追求有明显商业价值的畅销书,而对具有文学价值的书则越来越没有兴趣。即使是赞成把哈珀·罗出版社卖给默多克的布鲁克斯·托马斯也认为被他人拥有和独立不是一回事:"如果有人在你身上系上一根绳,那么即使他不拉动这根绳,它也会对你产生影响。"

默多克为捕捉下一个猎物而再一次同他的老对手发生了直接冲突。1987年6月27日,他在洛杉矶接到罗伯特·马克斯韦尔从英国打来的一个电话。这是马克斯韦尔犯下的一个代价高昂的错误。

近20多年来,马克斯韦尔因与默多克竞争而消耗了大量的资源。默多克对马克斯韦尔极为蔑视,他私下说马克斯韦尔是个疯狂的无赖。

马克斯韦尔的野心是建立一个比默多克帝国规模更大的国际传媒帝国。他没有成功,但是,自从1968年他在争夺《世界新闻报》的第一次战斗中失败之后,他的帝国确实也得到了一定程度的扩张。

此前,利斯克公司的索尔·斯坦伯格撕毁了购买培格曼公司的协议,他坚持认为马克斯韦尔使他错认了该公司的实际价值。股东们随后将马克斯韦尔从培格曼公司撵了出去。1969年，马克斯韦尔失去了培格曼出版公司。

英国贸易委员会经过调查后得出结论："在我们看来，马克斯韦尔不是管理一家挂牌上市公司的合适人选，他难以让人信赖。"

然而，至1974年，在同斯坦伯格达成一项庭外解决方案后，马克斯韦尔说服了培格曼公司董事会，使他们相信只有自己才能挽救这家公司。他应邀重新进入董事会。他错误地对外宣称贸易委员会已取消了对他的指控。

1980年，马克斯韦尔又获得了一次成功！他使英国印刷公司和公司的工会相信，鉴于公司已濒临破产，只有将工作岗位从13000个削减到7000个才能挽救它。

公司更名为马克斯韦尔通讯公司之后开始不断盈利。但马克斯韦尔仍然想购买一家报社。到那时为止，他投票购买《世界新闻报》《太阳报》《观察家报》和《泰晤士报》的行动均告失败。默多克是他事业上的一个劲敌。

至1984年，他终于可以从里德国际公司手中买下《镜报》集团。他总算有了一家日报和两家周日报。不仅如此，他还使这几份小报同他的对手《太阳报》和《世界新闻报》展开了激烈的竞争。

在刚接手报社开始，马克斯韦尔便用非常特别的手段全面控制了《镜报》集团，默多克也曾想以这种方式管理他自己的报纸却未能做到。

1987年春天，马克斯韦尔和默多克都对购买《今日报》产生了兴趣，在韦平完成的那场现代报业出版革命就是由这家报纸率先发动的。

当马克斯韦尔认为这笔交易已板上钉钉做成了的时候，他犯了一个致命的错误,他给住在洛杉矶的默多克打了一个电话说:"一切都弄妥了。"

"祝贺你。"默多克回答道。但就在与马克斯韦尔侃侃而谈时,默多克突然意识到这笔交易还没有最终签字确认。

默多克忽然意识到他既可以让马克斯韦尔买下这家每年亏损近3000万英镑的报纸,也可以想办法自己买下它,然后让它走向成功,就像他在18年前买下《太阳报》时一样。

这次挑战再加上挫败马克斯韦尔带来的兴奋和激动是不可抗拒的。尽管默多克并不在乎他的竞争对手,但公众经常拿这两个人做比较甚至将他们混为一谈。竞争是默多克的天性。6月29日他猝然发起攻击,以800万英镑的现金从马克斯韦尔手中抢走了这家报纸。

这笔交易的成功使默多克拥有了英国第五份全国性报纸,现在他把英国报业的1/3控制在自己手中。这样做是否意味着垄断,英国政府决定不予考虑。工党却恼怒万分,议会中的工党议员谴责政府为回报默多克对撒切尔夫人的全力支持而默认了他的收购行为。

默多克任命《世界新闻报》主编大卫·蒙哥马利为《今日报》的新主编。《今日报》将它的读者群定位在撒切尔统治下的英国干得很不错的青年男女。商业报道增加了。有关影视明星的花边新闻也比以前多了。在政治上,这家报纸抛弃了偏向社会民主党——自由联盟的路线,采取了默多克的忠于玛格丽特·撒切尔的路线。

1988年7月,《今日报》宣布它的销量已达到50万份,这简直是个奇迹,但它每周仍亏损15万英镑,它的发行量仍不到它的主要竞争对手《邮报》和《快报》的1/4。默多克本人也不满意,他说他不知道这家报纸究竟代表谁的利益。

争夺哈珀·罗出版社和《今日报》的战斗尚未获得全胜,默多克就又开辟了一条新的战线。他分阶段大量购进了皮尔逊公司的股票。皮尔逊公司是一家金融和出版企业,它最显赫的财富是《金融时报》。

据说《金融时报》是全世界办得最好的金融类报纸。《金融时报》的首席执行官弗兰克·巴洛认为默多克不是诚实的人,而是一个强有力的捣乱者。他坚决主张皮尔逊公司不应当同它的新股东合作。

默多克抢购股票的消息在某些地方引起了恐慌。至今仍拒绝同韦平新闻记者谈话的英国工党被这一消息惊呆了。

这一消息也传到了美国。安东尼·刘易斯在《纽约时报》上宣称《金融时报》是一家极好的独立报纸,而默多克的名字则是"圆滑新闻的同义词"。

在对有关默多克支持撒切尔夫人的事情作了一番评论后,刘易斯得出了结论:"那些相信新闻自由的人"都应该支持皮尔逊公司。

在1987年至1988年的整个冬季,人们一直在猜测默多克的真实意图。默多克当时急切地渴望成为日益繁荣兴旺的信息服务领域的主力军,他正试图买下他仍未能拥有的澳大利亚联合通讯社的55%的股份。

澳大利亚联合通讯社拥有路透社13.5%的股份,再加上新闻集团的股份,默多克因此就将成为路透社最大的单一股东。这样他就几乎能在路透社的荧光屏上向全世界发送《金融时报》的内容。

与皮尔逊公司管理层的看法不同，默多克认为《金融时报》能够而且也应该被改造成全球农村最主要的每日价目表。他确信他能办到。"你不能无视你最大的股东，"他在1998年初对《福布斯》杂志说，"那是不可能的。"

但这是可能的。皮尔逊公司组织了一大批抵制默多克的同盟军。被冷落了两年之后，默多克决定卖掉他的股票一走了之。这是他遭受的一次并购上的挫折。

创办星空电视台

默多克受福克斯电视台成功的鼓励，他再次感到有必要在英国公司寻找发展空间。1989年2月，他创办了拥有4个频道的星空卫星电视台，这件事挑起了一场新的"战争"。新闻集团公司在这场争斗中付出了惨重的代价。

英国与其他国家一样，在1977年世界无线电管理会议后，依照规定拥有5个卫星电视频道。1986年年初，英国独立广播委员会宣布将提供3个商业卫星频道经营权。

默多克与其他6名竞争者参加竞标。当时默多克已开始在欧洲大陆播出星空电视台的节目。其他竞争者在把默多克挤出英国市场这一点上达成共识，他们不停地对外宣称将《太阳报》搬上卫星电视可能带来巨大的风险，同时称默多克是电视传媒道德与经营的破坏者。

商业卫星频道的经营权最终被英国卫星广播公司取得，该公司是由格林纳达、皮尔逊、安格里拉电视台VIRGIN及阿姆斯罗德唱片公司联合组成的。它们代表了英国主流电视节目，所以公司经营强调节目制作优良，并遵循质量至上的宗旨。默多克认为这是个顽固的不开化的公司。

按有关协议规定，英国卫星广播公司将被迫采用一种新型转发器，这是一项价格昂贵的高气质技术，预期将传输更好的电视图像。为此，英国卫星广播公司成为英国有史以来最大的风险投资公司，因为这项技术前期需要最少投入5亿英镑。

但1987年4月的时候，前期所需投入资金就涨到6.5亿英镑。

1987年春天，卢克斯伯格一家私人控股公司开发了一种被称之为阿斯特拉的欧洲卫星，并通过克拉克集团的认证。其后该卫星公司计划利用阿斯特拉，在欧洲开设16个不同语言的卫星电视频道。这对现有的卫星电视频道是一个公开挑战。

20世纪80年代，欧洲电视发展已进入了一个新的阶段，20世纪80年代初，大家所熟悉的只有国内大功率卫星直播系统，但现在由于新的卫星电视新技术的出现，小功率商业电信卫星开始进入市场！

截至1987年，默多克在4年的时间里总共为欧洲星空电视台投入4000多万英镑，星空电视台每天累计播出18个小时，在欧洲20多个国家中拥有1200多万用户。

默多克决定向英国卫星广播公司发起挑战后，他开始让星空电视台退出欧洲大陆。同时他计划利用阿斯特拉卫星抢占英国卫星电视市场。

默多克的顾问杰姆·克户瑟表示：

> 阿斯特拉并不是唯一的选择，我们还有其他多种项目可供选择。是的，选择阿斯特拉具有很大的风险性。

胆小怕事不是默多克的风格，英国企业曾将他关在卫星电视的大门之外，现在，他必须用阿斯特拉撞开卫星电视市场的大门。

1988年6月，默多克对外宣布将用阿斯特拉卫星重新开办星空电视台。他仍然强调英国应全面开放卫星电视市场。英国长期以来对电视产业的限制，在很大程度上限制了电视节目的创新和制作。

在英国，所谓的高品质电视，只不过代表了少数控制英国电视业人士的个人偏见。从现在起默多克将发动一场针对BBC、独立电视台和英国卫星广播的公开的战争。

经历多次挫折之后，默多克终于可以如愿以偿地进入英国电视行业。默多克的决定无疑对英国卫星广播公司是一个重大的威胁，沃唱片公司创始人及英国卫星广播公司的主要投资者理查德·布兰森立即明白了危险的程度。

英国卫星广播公司的投资预算建立在没有任何竞争对手的前提下，现在看起来默多克准备利用低价技术将它赶出克拉克集团之外。英国卫星广播公司承诺新型技术将提供更好的接收效果，但对于广大卫星电视的用户来说，他们将只会选择一种卫星电视接收方式，通常他们会选择最早上市的那一种。

布兰森了解默多克是一个顽强的竞争对手，同时也意识到新闻集团公司旗下的各家报纸一定会为阿斯特拉卫星大造声势。这一情况很快就要发生了，果然在随后的几个月里，新闻集团公司的《太阳报》《世界新闻报》《今日新闻报》都毫无顾忌地带头吹捧星空电视台。

布兰森曾私下试图与默多克就公司合并问题进行磋商，但信心十足的默多克不屑谈及合并一事。随后布兰森开始在英国卫星广播公司股东内部转移VIRGIN唱片公司所持的股票。

澳大利亚商人阿兰·邦德最终以 3100 万英镑购买了布兰森所持的 3000 万英镑的股票。达成交易的当天晚上，布兰森高兴地喝起了象征着胜利与合作的香槟酒。

英国卫星广播公司与星空电视台都认识到必须依靠电影频道才能吸引观众。

1988 年夏季，双方都派出采购组前往好莱坞订购电影拷贝。这导致好莱坞影片价格直线攀升，对制片商来说这场影片的收购价格之战简直就是在过圣诞节。

英国竞买者开出的订购价简直都是天价，一旦英国卫星广播公司与一家制片厂签约，星空公司马上与另一家制片厂签约，其后双方又展开与第 3 家制片厂的签约权之争。双方都指责对方将竞价抬上了天。

英国卫星广播公司人士称，默多克过多地对星空电视台未来的收益做出承诺，同时他们坚信如果获得像默多克一样多的报纸支持作媒介宣传，他们将最终在这场战争中胜出。

最后，星空电视台分别与福克斯、奥利安、华纳兄弟等公司签订购片合同。英国卫星广播公司则分别与哥伦布、世界及派拉蒙电影公司签约。星空公司合同总金额为 6000 万英镑，英国卫星广播公司合同总金额为 8500 万英镑。

默多克曾计划在一个电视广告频道中免费播出电影，但这一计划一经提出就立即遭到了制片商的反对。

电影制片公司对如何为电影加密十分关心，他们不希望默多克在英国的电视中免费播放电影，特别是由于阿斯特拉卫星的覆盖范围较大，欧洲其他地方也能同步接收到在英国卫星电视播出的电影。

制片方坚持必须采用信号压缩的方式播出电影,只有星空卫视电视天线才能收到电影节目。这意味着另一项新技术的投入,不过这些要求难不倒默多克,他后来从以色列获得了这一技术。

好莱坞订购影片的高额费用让默多克多少有点担心,同时他对星空电视台发展速度过慢也不满意。他任命电视革新派、《星期天报》的主编安德鲁·耐尔出任电视台行政总监一职。

2月份开始,星空卫视的4个电视频道准备就绪,它们通过在赤道附近的卫星,向英国传送电视信号。但是问题接踵而至,电视信号传送到地面上却因为在商店里找不到合适的卫星电视接收天线,导致根本没有人能收看到这些费尽心思弄来的影片。

由于影片加密后,用户必须换装新的接收器,星空电视台新闻频道的投入远远超出了默多克支持的计划,最开始投入约4000万英镑,要比当时预算多出1000万英镑。

像美国CNN电视台一样,星空卫视一天24小时滚动播出新闻,每周播出现场新闻报道高达14个半小时,其观点与柏克斯一样具有鲜明的倾向性。

与之形成鲜明对比的是,英国独立电视台拥有260名工作人员,年度预算为6400万英镑,每周仅播出现场新闻报道6个小时。对新闻频道投入的时间、资金与精力充分显示了默多克的星空卫视在竞争中的优势,同时也反驳了竞争对手对星空电视台节目不够严肃的言论。

1989年夏,市场上推出了星空卫星电视接收天线,但由于炎热的气候和不断上调的利率让消费者缺少购买的欲望。英国卫星广播公司也面临着相同的问题。

英国卫星广播公司开始销售电视天线、解码器,但实际上公司

世界名人传记文库 | 149

的卫星仍然没有发射升空。新技术也许真能胜过老式系统，但由于不能马上实现仍不具有太大的吸引力。

　　1989年下半年，英国卫星广播公司宣布必须再次追加投资，随后不久新一轮资金投入开始了。

　　由于电视天线销售不佳，默多克决定重新开始启动一个销售计划。首先他们精心选择了可能引发仿效作用的家庭，并赠送了数千套天线。

　　随后公司推出了一个每周4.49英镑的租赁计划。公司雇佣了大批临时工作人员，他们身着白色工作服，开着小型货车在全国各地家庭中推销天线。

　　默多克旗下的流行报刊对此事大力吹捧，加上密集的推销员上门服务，让许多家庭禁不住诱惑，开始接受星空卫星电视。电视天线的租借率也开始逐渐上升。

　　星空电视台的广告情况令人感到失望。

　　默多克从未想过，星空电视台开播之前竟然没有获得任何广告合约。没有人能预测星空电视台第一年度的广告收入，有人预计可能是1000万英镑，也有人认为只有数千英镑。星空电视台试图引进福克斯电视台反应较好的广告承包计划，但这一计划以失败告终。星空电视台陷入混乱状态，同样，其竞争对手英国卫星广播公司情况也好不到哪儿去。

　　1990年4月，英国卫星广播公司终于开始了节目直播，而这时，距离星空电视台开播已经15个月了。这次迟到的开播毫无疑问是个彻头彻尾的失败。他们甚至连商店用于演示的接收器都不能提供。

　　为了保证必要电视节目的收视率，英国卫星广播公司还需要在圣诞节前的短短几周内卖出70万台接收器，而此时星空电视台已经安装的卫星接收器就达到了75万台。这是一次实力悬殊的竞争，孰输孰赢并不难判断。但就是在这次看似轻松的竞争中，默多克痛苦地挣扎了很久。

声势浩大的竞争刚刚拉开序幕，自己就落得个狼狈的失败，这让英国卫星电视的主管人员和投入了血本的股东们特别窝火。不过，他们的愤怒也情有可原。1986年，当他们竭尽全力地获得向英国直播卫星节目的国家特许经销权时，压根儿就没想到还会横空冒出其他的竞争对手。

眼看着自己很难赢得实力强大很多的对手，英国卫星广播公司不得不另找出路了。它一方面继续艰难地开播卫星节目；另一方面开始四处奔走游说，想迫使政府用即将通过的广播法案的条款来制约星空电视台。

因为根据现行的1981年广播法案，任何全国性报纸的老板或非欧洲共同体国家的股东都不能控制一家英国电视公司20%以上的股份。

新的1990年广播议案涉及了地球卫星特许经销权和卫星广播节目，但规定却没有包括中等功率的卫星传送的广播电视节目。为了堵住这个政策漏洞，并彻底击垮星空电视台这个对手，英国卫星广播公司对默多克开始了猛烈攻击。

除了不断揭发星空电视台利用自己高超的技术手段逃避相关的监管外，对默多克个人进行人身攻击也是他们的一个重要的手段，默多克在他们的宣传中简直成了一个让人感到恐怖无比的人物。

至1990年的夏季，星空电视台与英国卫星广播公司的竞争已经达到了白热化程度。据估计，英国卫星广播公司每周亏损额达

800万英镑,而星空电视台也有接近200万英镑的亏损,双方都受到了与自己合作的银行的严重警告,新运营资金的顺利注入受到了严重威胁。

但与此同时,世界经济开始衰退,默多克的新闻帝国也因此逐渐陷入了严重的债务危机,从英国、美国、日本,甚至澳大利亚大本营,新闻集团全线拉响了警报。

默多克从来不愿意放弃自己对新闻集团的控制权,坚决地保持有45%的股权从来都是他的目标,他一向拒绝通过发行股票来解决公司扩张所需的资金问题。因此在所有人看来,默多克绝对是坚不可摧的。

深陷债务危机

1989 年，是世界历史上不平凡的一年。

世界各国在这一年都发生了很重大的历史事件。在这一年，美国和加拿大之间的贸易协定生效、联合国亚太经社委员会第四十五届年会在曼谷举行、中国和苏联的关系开始正常化、纽约股市暴跌……

全世界开始进入严重的经济衰退期，新闻集团的流动资金逐渐出现了危机。

1990 年上半年，日本"热钱"突然撤出了澳大利亚的短期货币市场。新闻集团在这个市场上的信贷限额高达 2 亿欧元，它早已经习惯了临时筹借期限为 30 天或者 7 天，至少是 1 天的资金，但突然间，这个重要的资金来源不复存在了。

可是屋漏偏逢连夜雨，由日本撤资所引起的麻烦还没有解决，美国银行业也开始对新闻集团"逼债"了。

与此同时，美国的广告市场也开始陷入了这些年来最严重的萎缩过程中，至 1990 年中期，世界贷款市场陷入了前所未有的匮乏局面。银行本身因为之前毫无节制地发放贷款，也承受着相当大的压力，世界银行体系变得非常脆弱。

银行的全线退败，对于新闻集团来说，则表现为从银行的个别撤出迅速演变为全体银行的集体大溃退。新闻公司的资金问题已经变得异常尖锐。

不久，公司在支付伦敦韦平印刷厂更新设备的款项时遇到了困难，这次事件像一个导火索，引爆了积压已久的危机。全世界的股东和机构都开始抛售新闻集团的股票，银行业对此更感到恐慌，为了降低风险，他们纷纷要求收回贷款。

默多克希望能像往常一样，想跟银行的老总们谈谈，可是银行老总们却让默多克吃到了之前从未吃到过的闭门羹。

新上任的集团财务主管戴夫·德沃为公司几乎付出了自己全部的心血，根据他做出的 1990 年年度结算报告，新闻集团的资产重估增值了 30 亿澳元、公司已经出现了大面积的亏损以及沉重的短期债务，而星空电视台的债务更像是一个无底洞。

一直以来，默多克都在忙着各种并购活动，他为了自己所热衷的事业忙得忘乎所以，所有的债务管理问题全抛给了自己的财务主管。对于这次突然的债务危机，他开始并没有估计到那么严重。

直至 1990 年年中，默多克甚至还相信，自己完全可以靠着一些买进卖出的交易来稳定新闻集团的资本结构，他还认为，自己能从短期集资，通过房地产业获得利益。

但默多克犯了一个最严重的错误，他原本以为短期内贷款利率会下降，所以借了许多短期款项。打算等长期利率下降时将其转为长期贷款。但事与愿违，所有的利率都急剧地上涨起来。

新闻集团在 1989 年 12 月曾经筹措了一笔 7.5 亿美元的短期银

行贷款，按照约定在 1990 年 6 月 30 日偿还。新闻集团本打算像往常一样，通过变卖资产来支付这笔款项，但在全球经济衰退的当时，他们发现以合理的价格变卖资产竟然变得那么困难。

于是，公司只好试图通过得到另一笔 3 年期的贷款来清偿到期的此笔贷款，但最终也没有得到。没有办法，新闻集团最后只得支付了 2.5 亿美元，并请求银行将剩余的 5 亿美元延期 3 个月。银行虽然对这个请求很不情愿，但碍于多年来的合作关系，最终还是被迫同意了。

转眼间，就到了还款的 9 月，公司支付这 5 亿美元贷款还是面临着重重困难。更糟糕的是，又有 29 亿美元的债务在 1990 年 9 月至 1991 年中期就该到期了。

默多克终于开始意识到了自己的处境不妙。因为 40 年以来，他总是以自己能够准时支付每笔贷款而深感自豪，他相信好还才能有好借，银行也会感激他这一点的。

新闻集团糟糕的财政状况成了媒体争相报道的热点新闻，《金融日报》干脆称其"几乎是无药可救了！"

新闻集团不得不放下身价和银行进行协商，在不断地努力、陈述其中的利害关系之后，银行终于同意了债务延期的方案。银行准备同意让 9 月 30 日到期的债务延期一个月，但要求新闻集团必须答应、重新清理其繁重的债务，并采取明智的商业计划。

新闻集团最多的债权人之一的花旗集团被委以重任，负责解决债务问题并重组该公司。一向自负张狂、从来不求人的默多克此时身处困境，不得不接受了这些安排。

花旗银行派出了自己年仅 34 岁的年轻副总裁安·莱思负责新闻集团的具体债务和重组工作。正是这位身材苗条、穿着讲究、留着一头乌黑短发的年轻女子，在接下来的几个月中帮助默多克力挽狂澜，成功走出了新闻帝国的灭顶之灾，创造了新闻集团的又一个神话般的奇迹。

就读于伯克利大学的莱思自从 1982 年加盟花旗银行后，就一直从事公司的重组工作。接手默多克的案例前她刚刚从重组唐纳德·特朗普公司的繁忙工作中抽身出来。

尽管早早做好了应对这个"巨无霸"一样的新闻帝国的充分心理准备，但随着对新闻集团的不断了解，莱思开始真正明白，这次自己要努力解决的真的是一个巨大的帝国问题，用"无与伦比"这个词来形容其工作量一点儿都不为过。

由于默多克马不停蹄的并购活动，今日的新闻集团几乎已经借遍了全世界的钱，澳大利亚、英国、日本、荷兰、美国、新加坡、中国香港、印度等许多地方的银行都是公司的债权人。新闻集团拥有数百家不同的公司，而每家公司又都有不同的担保，其贷款类型也不尽相同。

更为可怕的是，在新闻集团首席财务官戴夫·德沃的帮助下，莱思发现，由于不断地贷款，新闻集团现在竟然欠着全世界 146 家金融机构的钱，而且是 10 种不同货币的贷款。

新闻集团的金融和组织图表看上去简直就是一堆密密麻麻让人头疼的乱麻一样，它让莱思和她的工作组人员不得不时时向自己和身边新闻集团的人发问："我们在哪里？公司在哪里？债主在哪里？我们有些什么？每个人的相关位置是什么？我们从哪里开始解决？"

尽管面前的工作让人心烦，但莱思还是必须全力以赴，在与默多克的接触中，她深深地钦佩默多克，帮助这位全身充满着不可思议能量的传奇人物走出债务困境成了莱思这次工作的一个巨大动力。

新闻集团的债务危机引发了它在全世界范围的股价急剧下跌，澳大利亚证券交易所要求他们对此作出解释，而默多克这时所能够做的，却只有不停地发问："天知道，我们的股价怎么了？要知道，过去的3个月里，我们的股价可是创造了世界新纪录的。"

局势变得异乎寻常的复杂，似乎所有的问题全在这一刻迎面而来。新闻集团四面楚歌、人心惶惶。

时间紧迫，不容许莱思做太多的方案选择，而参与者的众说纷纭足以使整件事情不了了之，简单成为这时解决问题的最好办法。

莱思清醒地明确了自己目前所要力争做好的事情，这就是拯救新闻集团，减少债务。每家银行和金融机构都必须延期还款，给默多克充足的时间拯救公司。

此外，她还必须让新闻集团和一向习惯于凭着直觉和赌徒心理经营公司的默多克本人有所约束。这两点对莱思和默多克来说都是一个艰难的任务。

为了明确工作对象，莱思将新闻集团所要面对的银行分为3个等级，第一等级由9家银行组成，它们都是主要的债权人，而且已经明确表示，不会再单独提供新的贷款。他们希望使公司维持运转的新贷款能出自更多的银行；第二等级的银行大约有30家，莱思希望它们能与第一等级的银行共同成为新的贷款者；第三等级的银行经常被大多数的银行家所忽视，这就是规模最小的投资者，但在莱思看来，它们也并不可忽略。当然，它们不会再加入新的贷款行列。

明确银行归类的同时，莱思强调新闻集团要有序运转。莱思想对新闻集团做出彻底的整顿，因此坚决要求公司根据自己不同的子公司可能的盈利情况，做出一个切实可行的商业计划。

莱思试图通过这个详细的、无懈可击的商业计划促进还款延期，并提供足够的现金流量来供新闻集团支付利息和一笔一年期的 6 亿美元的过渡贷款，还要在 3 年里分期偿还 14 亿美元的债务。

这个要求对于新闻集团的人来说，真是一件让人十分恐慌的事情，因为长时间以来，他们从来不知道自己究竟有多少金融借贷合同，整个公司所提倡的企业文化精神就是要使公司腾飞。

莱思的工作就是鞭策一个疲惫的无力前行却又身处险境的巨人打起精神继续前进一样，莱思简直成了连轴转的陀螺，在新闻集团的大楼里，几乎 24 小时中的任何一刻都随处可见一身精干运动装扮的她大声发号施令的场面。

终于，厚得像电话簿一样的计划书做好了。其所执行的每一个计划都本着一个最基本最简单的代理协议原则进行，这就是：第一，维持现状；第二，共同努力，没人可以脱身。

这两条中的任何一条对于银行来说都不是容易接受的。"维持现状"，就意味着有些人的日子比别人的好过。"共同努力，没人可以脱身"，更是苛刻的一条，而新闻集团要想摆脱困境就必须保证这一点。

因为一旦一家银行脱身而去，其余的 14 家银行就会挤破出口。不管是对银行还是对新闻集团，莱思都没有留下任何退路。"没有第二个计划。"这是她对任何人包括自己所说的话。

莱思知道，万一计划失败，无论对默多克还是自己来说都是灭顶之灾，花旗银行会因此蒙受巨大的损失，因为它在这家新闻集团有一笔很大的投资，默多克则会因为这个失败失去自己的传媒帝国。假如有人心存哪怕万分之一的侥幸心理的话，每个人便都会给自己寻出一条所谓的退路，这样做必然导致这次计划的失败。因此，她必须采用强硬手段。

莱思知道，新闻集团巨大的亏损来自星空电视台，而为了说服银行家们接受自己的新计划，就必须对这个问题做出交代。于是，作为计划的一部分，默多克的星空电视台开始了一个新的合并计划。

英国卫星广播电视台作为星空电视台长期以来的竞争对手，它的亏损比星空电视台更为严重。至1990年9月底，这家得到英国权势集团支持的公司最多只卖出了12万台卫星接收器。而星空电视台卖出的电视接收器已经比他们多了6倍还多。

在重重的压力下，双方无奈地在外界的促成声中开始了关于合并的谈判。

这场谈判进行得非常不顺利，事实上，双方都抱有一种强烈的敌对情绪。英国卫星广播公司认为，星空电视台的失败恰恰表现了默多克的平庸，而正是它的存在，毁了自己公司的大好前程。

星空电视台则认为，英国卫星广播公司除了养一群衰老无力却又自鸣得意的英国人外一无所有，而且它的卫星所受到的频道限制更是让它无力抵御任何一个对手的进攻。即使没有默多克，别人也会这么做，因此它简直就是活该灭亡。

默多克面对这个令自己厌恶的对手仍然坚持不愿妥协，虽然是他自己挑起的这场竞争，但他压根儿就不喜欢英国卫星广播公司，这场斗争的大获全胜才是他真正想要的。如果没有银行方面的压力，他会毫不犹豫地选择斗争下去。

谈判几度中断之后，1990年11月2日，双方最终达成了有关的协议细节。这是一个双方各占一半的股份合并公司，其目的在于止住亏损，争取利润最大化。

协议的公布让银行家们特别欣慰，因此，莱思带着自己的计划书，没有花费太多的口舌就在与第一等级银行的约见会议中说服他们接受了这个计划。

与第一等级银行达成协议后，莱思、德沃和默多克又为争取第二等级和第三等级的银行开始进行一系列全球性的"巡回演说"。严峻的形势决定了这是一次短暂而又紧张的环球旅行，他们必须在5天内走完悉尼、伦敦和纽约。

按照莱思的计划，她还要在"巡回演说"之后，集中精力与新闻集团商议合同条款细节，以满足银行了解协议具体情况的要求。因此，莱思必须在11月30日前，起草好代理协议的初稿，然后飞赴伦敦与公司助理商谈，以便在12月中旬将代理协议初稿摆放在银行的案头。

要在五六个工作日商定如此复杂冗长的协议简直是闻所未闻的事情，但他们却成功地做到了。他们在时间和到期贷款的催促下，不断地打破了一个又一个的"不可能"，创造了一个又一个的奇迹。

毫无疑问，莱思的威信对于开展这些工作是非常有利的，唯一的问题是默多克，莱思很担心一向心高气傲的他无法完成这次颇有些"低声下气"的演说工作，而在这次"巡回演说"中，默多克的个人汇报和表态又是一个非常重要的部分。

因此，莱思反复地对默多克说着银行对他的演说会买些什么样的账,而他对对方的态度又应该做出怎样的回应,并不断地为默多克的发言加工润色。

功夫不负有心人,默多克的这次表现非常成功。

他采取了潜移默化的方式谈起了自己长期经营的企业,他承认自己工作的失误,答应说自己将会组织一个以他为中心的、更有力的管理队伍,并会与各位银行家商议行事,自己再也不会独断专行了。这场演说确实令人非常感动。

从1990年的11月至12月,默多克都在马不停蹄地进行"巡回演说"。

他日复一日地乞求、哄骗、奉承着各家银行,并公开表明自己有可能重振江湖,说自己将会任命一个新的首席运营官,甚至透露新闻集团可能会发行更多的将会削弱其家族股权的股票。一向独断专行的他还答应将会减少奔波,让别人来做更多的工作。

默多克要下放支配权的想法对那些最了解他本人和公司的人来说,确实是不可思议的,但是,正因如此,这一番演说也就有了打动人心的力量。之后,默多克便开始战战兢兢地等待着自己这场全球性"巡回演说"的结果。

实际上,此时的默多克几乎在破产的边缘了。事实上,如果没有星空电视台,英国卫星广播电视台与英国卫星广播公司的协议,他早就彻底完蛋了。

至1990年年底,每两周就会有一笔贷款到期。巨大的还款压力,让默多克不得不奋力一搏,公司更是被源源不断的到期贷款弄得焦头烂额。而真正使默多克疲惫不堪的是他从未有过的面对失去控制力时的无能为力。

一旦有一家银行拒绝延期还款,那他真的是无计可施了。莱思说:"一旦消息传出,所有银行都会逃之夭夭。你不能开这个口子。"

莱思工作小组和德沃承受的压力丝毫不亚于默多克。他们经常使用的比喻此时很能说明他们内心的压力:动荡翻滚、被抛出舱外、命悬一线、死亡下坠等。他们不得不用大声吼叫着说话的方式来宣泄心中的压力,而其中,莱思的吼声最大。

其实,莱思也很担心自己并不能比默多克看得更远,担心自己这样的努力最终仍会功亏一篑。但是,她明白此时的默多克更需要她提供百倍的信心和勇气。她咬紧牙关坚持着,她相信一定会成功的。

莱思和默多克一直都在盘算着如何才能迫使这些银行就范,但不可回避的事实是,所有的债主都疑虑重重。

第二等级的银行尤其感到为难,因为它们被要求为一个已经负债累累、身处破产边缘的公司继续提供新的贷款。第三等级的那些金融机构则是最痛苦也是最难熬的。

它们日日夜夜想方设法地要求新闻集团偿还全部贷款,这正是莱思和默多克一直刻意避免的,因为只要有一家的贷款还清了,每一家都会要求同样的待遇。他们对此所能做的,只能是全部拒绝。

默多克是一个在记者和编辑群中树敌最多的人,但30年来他在商业领域却有着可靠的信任关系。可以说,他是众所周知的信守诺言的人,30年来从未漏付过一次利息。"我们的信贷记录是毫无瑕疵的",正是令默多克引以为豪的这一点,在最后一刻挽救了他,帮他渡过了这次险境。

1991年2月1日,星期五的早晨,146家银行的签名都附在了新的协议上。所有的银行最后都选择了支持新闻集团,因为,他们信任默多克。这是迄今为止最大的资金重新筹措,76亿美元的短期和各个不同期债务将在3年内得到更新安排。

当然,默多克清楚,这只是权宜之计。经济危机只是暂时过去了,但债主们还会卷土重来。要完全解脱债务危机,就必须残酷无情地管理,想方设法弄到现金。不管有多么不尽如人意,除了咬紧牙关勉力维持外,别无选择。走出危机的默多克开始了自己重振雄风的新战斗。

控制足球联赛

默多克的电视事业在美国发展得很不错,这些功劳不仅是来自那些吸引人的电视系列剧,还有更重要的内容是能引起世界人民关注的足球比赛。

默多克想要控制足球联赛的灵感是在一瞬间产生的。他是英格兰队的球迷,他非常喜欢球星贝克汉姆。

1998年7月2日,一个阳光明媚的下午,默多克慵懒地斜躺在办公椅上,随手拿起桌上的几叠报纸慢慢看了起来。

此时,正值世界杯期间,各家报纸的体育版占尽了风头。而《太阳报》的世界杯报道更以其全欧洲所有报纸中最多的版面、最详尽的报道让其他报纸黯然失色。

这一天是巴黎人的狂欢之夜,却是英国人噩梦不断的不眠之夜。贝克汉姆的一记点球失利让英格兰队在最后的关头惨遭淘汰。全世界球迷的感情天平立刻倾向了无辜的英国人。

第二天,好友贝鲁斯科尼打来电话说:"今后世界的球迷都会更喜爱英格兰,喜爱贝克汉姆,这对意大利甲级联赛可不是好兆头。"

贝鲁斯科尼是 AC 米兰队的老板,超级足球大亨和电视大亨,他对足球业的关心是出于足球比赛的商业地位。

贝鲁斯科尼的话,突然触动了默多克的心弦,涉足英超,这不正是一个绝好的巨大商机吗?

默多克立刻决定自己的出兵路线:联手贝鲁斯科尼等超级巨头控制欧洲足球、让欧洲几大超级俱乐部形成欧洲联赛制,让所有世界级的高手互相厮杀,让欧洲足球更精彩。这是新的吸引眼球的东西,对于传媒行业来说,用联赛来吸引观众是再好不过的了。

用足球撞开有线付费电视的大门,世界杯的一个契机让默多克迅速做出了这一计划。

第一步,默多克决定首先收购英格兰超级联赛中最大的俱乐部,那就是曼彻斯特联队。

其实,这次计划并非默多克一时的心血来潮,对于体育的魅力他早就有清醒的认识,"体育绝对比电影或者娱乐界其他任何事物的吸引力都大!"在数字化生存的 21 世纪,"它是可以代替战争的"。这是他早年做出的预测。

他拥有美国四大职业联赛的电视转播权,对于欧洲最热门的体育项目足球,默多克也早在 1992 年英格兰超级联赛起步时就以每年 6000 万英镑的高价买下了电视转播权。

1996 年又以每年 1.675 亿英镑的转播费与其签订了为期 4 年的转播协议。当然,这笔巨额收入也有力地推动了欧洲足球的改革与发展。

1999 年 3 月,默多克所属的英国卫星电视公司出价 6.25 亿英镑收购曼联队。这比俱乐部的实际总价值 1.4 亿英镑整整高出 4 倍多，这样的出价确实让俱乐部的每一位董事都难以拒绝，很快，他们便表示愿意接受这个出价。

与曼联董事会相比，曼联球迷对默多克的这个收购计划从一开始就表示强烈反对。在他们看来，一个澳大利亚人先后控制英国最有影响力的报纸《泰晤士报》和《太阳报》，如果再控制了足球联赛，那他就不但掌握了太大的言论权，而且介入英国人生活的各个方面的程度太深了。

收购球队之后，"英国曼联队"就由"我们的曼联队"转变为"默多克的曼联队"了，这会使得足球的民族文化底蕴荡然无存，这是球迷们绝对不能接受的。

随着收购计划的一步步进行，英国球迷反对这一收购行动的呼声也一浪高过一浪。他们通过媒体进行言论上的攻击，游行示威以及组织"反默同盟"等各种方式来阻止这笔"将改变欧洲足球发展方向"的交易。

正当默多克为英国球迷的激烈反对声弄得心烦意乱的时候，不好的消息再次传来。1999年9月14日，英国公平交易局开始介入这次收购事件。

1999年10月29日，英国贸工大臣彼·曼德尔森把这项交易提交给垄断和兼并委员会进行调查。

2000年3月末，垄断和兼并委员会向贸工部建议，这宗交易不符合公众利益。在所提交的报告中，他们认为，假如由英国星空电视公司控制曼联俱乐部，这将使它在足球赛事转播权谈判中处于不公平的领先地位。

最终，默多克的这项计划搁浅了，尽管购买曼联球队的要求被拒，但默多克看到了英格兰足球面临破产的危险局势。他决定耐心等待良机。

外强中干的英格兰足球俱乐部几乎99%都背负巨额的债务,沉重的债务负担几乎让他们连工资都发不出来,许多俱乐部不堪重负纷纷宣布破产。除了拉拢资产接收者来接管自己的球队外,他们似乎并没有更好的路可以选择。这些默多克看在眼里,并默默地等待着有利的时机。

精明的默多克在对英格兰足球强攻不下后,决定采取迂回战术,小批量购买相关俱乐部的股份,以便为今后的电视转播权谈判做好充分准备。

英国足球总会规定,一家独立公司最多只能购买俱乐部10%的股份,默多克决定化整为零,逐个击破,所有的动作全部在这个范围内进行。

1998年8月10日,默多克通过星空电视广播公司向新闻界宣布,他决定斥巨资收购8个英超俱乐部9.93%的股份。这8个俱乐部分别是利兹、切尔西、莱切斯特、托特纳姆热刺、阿斯顿维拉、南安普敦、纽卡斯尔和桑德兰。

默多克为此,他需要付出1.4亿英镑才能全部实施收购计划。但其中的收益自然也是巨大的。

收购球队的真正目的在于争夺球赛的转播权。随着星空电视台独家转播英超的合约在2001年到期,各传媒瓜分英超的势头也越来越迅猛。

默多克希望自己能够通过这次收购行动在激烈的竞争中胜出,进而顺利延长自己的英国星空电视公司在英超联赛的电视转播合同,因为转播可以让公司获得巨大的利润。

由于星空电视台已经投资了5家球队,并且成为曼联和利兹俱乐部董事会成员之一，公司在购买转播权时面对竞争对手自然拥有独特的有利条件。

而这8个被收购的英超俱乐部对于这次收购行动的结果也非常满意，他们希望自己出售股份的做法能够使他们在交易所的股票升值两倍，那样，他们的日子就好过多了。

因此，默多克对保持自己的垄断地位充满信心。随后具体展开的收购计划也进行得非常顺利。一切似乎都在他的意料和掌握之中，但局势却突然发生变化，默多克开始感受到巨大的压力。

电脑软件巨头比尔·盖茨不满足于仅仅在世界软件市场的垄断地位，也开始把铁腕伸向足球领域。而他的目标正是挑战默多克旗下的星空电视台对足球转播的垄断地位。

比尔·盖茨联合世界知名的有线电视服务的NTL公司，准备在2001年压过默多克的英国星空电视公司，独家买断英超联赛转播权，其出价高达10亿英镑，而且很有可能会上升到15亿英镑。这让默多克十分忧心。

比尔·盖茨的插手让默多克十分头痛，他很清楚自己在财力上根本无法与对方相抗衡。

而且，早在这之前，盖茨便已经拥有了英国星空电视公司的几个竞争对手的股份，这无疑将迫使英国星空电视公司不得不花费更多的钱来击退对手的挑战。

而对方，比尔·盖茨出价也比自己高得多，这又将会迫使默多克和英国星空电视公司花费更多的钱和更大的力气来争取新合同的签订。

默多克对此并没有太大信心。于是，他决定避实就虚，希望通过预付700万英镑来赢得续约的权利。结果是意料之中的，英超联盟对他的出价根本不予考虑。

他们认为各传媒之间的公开竞争将带来更大利益，因而，要求试图竞标的广播公司必须向联盟正式提交自己的竞标申请书。竞争的对象增多，最大的受益者无疑是英超联赛，他们完全可以趁此机会抬高电视转播权的价格。

为了最大限度地获得利益，他们更是将转播权分成7个部分出售，这样也有利于让英超联赛获得公众更广泛的关注。

最激动人心的时刻终于到了，就在2000年4月3日这一天，争夺英超电视转播权的大战正式打响，有20家英超俱乐部的主席和传媒巨子们济济一堂，默多克更是放下别的工作亲自出马。4月6日，最后的竞标结果公布了，默多克旗下的星空电视台最终以6.7亿英镑获得了3年的直播权，BBC以7300万英镑获得了集锦节目的播出权。

这个最后的实际转播价比预期要低很多，虽然英超联盟为了自己最大限度的收入造足了竞争的声势，但毕竟没人肯去做亏本生意，比尔·盖茨更不例外，他起初10亿英镑的出价不过是吓唬人罢了。

看中香港传媒业

默多克在1985年的时候访问过中国,对中国乃至整个亚洲的市场都充满信心。

因为这里的人口世界第一,这里将是一个非常庞大的市场。默多克的福克斯影视公司在中国市场取得了不错的票房成绩,那么对于刚刚起步的有线电视行业来说,这里应该是一块儿默多克的"大蛋糕"。

默多克的新闻公司首先看中了中国香港这块儿特殊的地方。香港经济高度发达,并与东南亚及日本以及世界人口最多的中国内地等有着非常密切的经贸联系,它在亚太地区的地位与作用不言自明。

作为国际金融中心、贸易运输中心、旅游中心,它连接亚洲与欧洲,并且长期与西方接触,它的文化价值融合了东方和西方的特点,有利于默多克从欧美向亚洲的过渡。

这一切,对于急于在亚洲建立基地的默多克来说显得非常重要。香港因为被英国统治了很长时间,所以香港的媒体行业跟中国内地有明显的不同。香港的传媒行业比中国内地更加开放，也更容易进入。这是默多克的选择。

默多克首先把世界媒体帝国的东方之战的战场选择在香港。1988年4月，默多克从悉尼回伦敦的过程中，没有选择直接到达，而是中途在曼谷停留了一晚。

这件事被早就关注默多克的媒体发现并刊登出来后，人们纷纷猜测他此行的真正目的，人们说，"他是来感觉市场，来找门路，因为他喜欢在东南亚有个权力基地"，"默多克来曼谷寻求并购媒体的机会"。

敏感的同行已经感觉到了威胁的来临，曼谷的报业老板对此更是感到惊恐不安。而事实是，默多克最终将他东征的第一站选在了中国香港。

但是，不仅是默多克，其他传媒行业的业主也小看了亚洲这个巨大的市场。卫星电视信息数字化的建立，推动了亚洲卫星电视广播市场的发展。而相对于已经接近饱和的欧美市场，亚洲的新兴市场则更具有吸引力。这里活跃着大量的外来和本土的传媒公司，竞争的激烈程度可想而知。

默多克进军香港传媒界的第一步是从他的老本行开始的。1992年，默多克先后在香港收购了《南华早报》和《华侨日报》两家报纸，这两份报纸联合后，他在香港的报业便拥有了举足轻重的地位，而经过默多克的调整后的《南华早报》发行量大增，成为香港居民每日必读的报刊之一。

但是，默多克"贪婪"的本性决定了他不会只停留在报业的成功上，收购这两份报纸只是为他在亚洲站稳脚跟打下基础，真正的好戏还在后面。

默多克盯上了香港卫视，这是由香港巨富李嘉诚旗下的和记黄埔公司经营的。提到香港卫视，我们首先要提到的是现在很多人知道的凤凰卫视，香港卫视就是它的前身。当年李嘉诚父子在创办香港卫视时，还有一段曲折的经历。

香港最早的两家电视台分别是电视广播有限公司的"无线台"和亚洲电视广播有限公司的"亚洲台"。香港政府在看到有线电视的美好的发展前景后，于1988年正式批准设立第二电讯网络，以提供有线电视、移动电视、无线寻呼等服务。

精明的李嘉诚看好电视行业的远大前程，于是一边指使旗下的和记黄埔集团拿下第二电讯网络经营权，一边策划发射卫星，双管齐下发展卫星电视。

但事情并没有计划中的顺利，1988年，和记黄埔集团组建的亚洲卫星公司成立，卫星发射尚在计划中。不料，有线电视经营权的投资额下限为55亿港元，香港政府最终将营业牌照批给了船王包玉刚的女婿。李嘉诚决定将香港作为自己事业发展的基地，坚持要开拓卫星电视市场。

1990年4月7日，亚洲卫星公司将"亚洲卫星1号"成功发射上天。除用于电话服务之外，该卫星共有24个转发器尚有开发其他用途的余地。

李嘉诚决定，充分发挥"亚洲卫星1号"的功能，再次将卫星电视列入自己的计划中。他立即组建卫星广播公司，这个卫星广播公司后来简称"卫视"，让两个儿子帮助自己与无线、亚视、有线3家香港电视台竞争。

1990年8月，禁不起李嘉诚不遗余力的说服，香港政府放宽香港有关卫视准入条件。李嘉诚和两个儿子抓住争取来的机会，于同年12月，以两个附加条件，即不准播放粤语节目和不准向用户收费为前提，李嘉诚正式获得卫星电视营业执照。

1991年3月23日，卫星广播有限公司正式成立。两个月后，卫视正式启播。卫星的覆盖面不仅包括亚洲，还覆盖了中东阿拉伯的部分地区。

李嘉诚的大儿子李泽楷利用卫视大范围的收视面，可以24小时不间断地向40多个国家和地区播送节目的优势，以新闻为主打节目。

事实证明，李泽楷的这一决策非常正确。从1991年年底卫视全面开播，至1993年中止，在不到两年的时间里，卫视的广告收入高达36亿美元，而维持5个频道的费用不过8亿美元，卫星电视果然是一棵摇钱树。

在此期间，李泽楷还想法让香港政府废除了卫视播放粤语节目的禁令。李泽楷指挥运筹下的卫视深受观众喜爱，业务火红，前途不可限量。

但此时李泽楷为了拥护父亲李嘉诚调整家族和控股公司的投资方向的决定，毅然决定将卫视让出。期待已久的默多克跃跃欲试。但是，要拿下卫视，即使对于默多克这样老谋深算的老将来说，也有很大的难度。

因为垂涎亚洲卫视的并非只有他一个人，欧美各主要媒体如美国华纳公司、英国培生公司早就在打香港电视的主意，都表示要收购或参股香港电视网。李泽楷权衡再三，决定以同样早就对香港卫视垂涎三尺的默多克为主要的谈判对手,实施香港卫视交易。

而想借香港卫视控制亚洲乃至中东的传媒的默多克,还在做着他的"全球大合围"的美梦,对此当然求之不得。但他出价却没有那么爽快,仅仅给出 2.5 亿美元,后来经过对手反复抬价,默多克一气之下以 5.25 亿美元收购了香港卫视 63.6% 的股份,并承诺余下的两年后再收购,传媒大王默多克成为香港卫视的最大股东。

且不说李泽楷在大赚了一笔后怎样被人们传颂和赞扬,默多克为香港卫视花了一笔巨款,依旧坚信香港卫视潜在的价值,坚信他与凤凰卫视的合作能使他名下的传媒帝国慢慢渗透至中国内地,也坚信中国庞大的电视广告市场给他带来的收益将不亚于美国。但是,默多克的如意算盘却并没有想象中的如意。

凤凰卫视的前身是卫视中文台,于1991年开播。其后,卫星电视被默多克的新闻集团收购,随即进行改组,并引入刘长乐和陈永棋等人作为投资者。卫视中文台最终于 1996 年 3 月 31 日一分为二分拆为新成立的凤凰卫视中文台和之前的卫视中文台。

默多克改组凤凰卫视,旨在让新闻集团借凤凰卫视打入中国市场。但是,即使凤凰卫视目前已成为中国领先的商业电视台,有着很高的收视率,可是凤凰卫视的播出范围被限制在中国高级饭店和公寓,以及华南的广东省境内。

而凤凰卫视在中国内地的规模仍然不及一家普通的地方电视

台，默多克对此感到失望，曾将部分凤凰卫视的股权转移给中国移动。不久之后，又传出默多克要全部转让凤凰卫视股份的消息，但却被他本人否定。

也许对默多克来说，年收入超过 10 亿港元的凤凰卫视，即使不能为推动星空卫视在中国的发展作贡献，也就意味着凤凰卫视没有给他带来多大的好处，但对于凤凰卫视还有着 5000 万稳定的中国内地用户基础，默多克的投资怎么看都是非常明智的。要让他退出凤凰卫视，理由尚且不够充分。

出师日本传媒界

默多克的目标是整个世界，已经拥有了美国和欧洲大部分市场的他已经准备好在亚洲大展身手。

尽管在香港电视行业受挫，他依然不会放弃在亚洲的传媒"战场"。

默多克第二个选择是与中国相邻的虽然小但发展很快的国家——日本。虽然早几年默多克想在日本找个落脚地都会四处碰壁，但这次他没有遇到这种尴尬。

日本这个科技发达却相对封闭的民族，在世界一体化的进程中，发现封闭才是这个国家的致命弱点。于是，他们决定广开门户，招商引资，热情地欢迎四方来客。

当默多克 1995 年 5 月下旬来到日本，寻找合作伙伴的时候，消息一出，日本人意识到也许机会来了。谁能与这位媒体大亨合作，那么肯定会赚得盆满钵满。由此可知，许多公司都希望抓住这个机会，尤其是日本软件银行公司总裁孙正义，他知道机会只留给有准备的人。

当得知默多克来到日本后,他便迅速派人打听默多克在日本下榻的饭店,想方设法谋求能与默多克见面。

日本首富孙正义分别在 2000 年和 2007 年荣任日本软件银行公司总经理,他是一位韩裔日本人。1981 年创办了这家专营计算机软件和出版有关计算机杂志的公司,从一个计算机软件销售商发展成为亿万富翁。因而有着"日本的比尔·盖茨"的荣誉称号。

虽然他在日本软件业可以算是一枝独秀,无人能抵挡,但随着计算机技术的日臻完善,科技泡沫的日益堆积,孙正义在成功之余感到了一种令人窒息般的巨大压力。

这种危机感源于"信息高速公路"时代的到来,不能生存,那么只有选择死亡。孙正义很早就意识到面对未来,仅仅经营传统的计算机软件是不够的。他希望引导企业向"信息高速公路"型企业转移,而默多克无疑是他最理想的合作者。

当然,此时此刻包括日本在内的许多国家的企业都希望搭上默多克的传媒界"航空母舰",甚至在全世界范围内也是如此。这样的局面让默多克感慨万千,因为就在几年前,他还在为自己在日本找个落脚地而四处碰壁苦恼着。

可是短短几年后,却发生了如此戏剧性的变化,他竟然在日本成了"抢手货"。

孙正义经过多方面的努力,终于获得了默多克的同意,与其会面。不可否认,这是多媒体时代最具吸引力的新闻:日本的"比尔·盖茨"和 20 世纪 90 年代的传媒界"航空母舰"相会。

在 5 月下旬的一个晚上,孙正义一改平日身穿短袖 T 恤和 V 字领套衫的形象,换上正式的西装,还刻意去理发店修整了一下头发，早早地来到约定地点。

默多克也如约而至。此次会面对于日本电信业来说是值得纪念的。因为从此以后，日本电信业将焕然一新。当年的盛况被美国著名的《商业周刊》杂志记录了下来，并在稍后进行了详细的报道。

宾主双方都表现得彬彬有礼，在一番茶来酒往之后，孙正义忍不住对这位传媒业"大腕"旁敲侧击。他婉转地对默多克说："听说默多克先生的新闻公司可能要在日本开办相当于星空广播公司所开办的卫星电视节目，有这事吗？"

当时，默多克没有立即回答。

但是，孙正义发挥了自己那不屈不挠的精神。他继续问道："默多克先生沉默了，您这样是代表默认吗？我希望能尽我的绵薄之力帮助您在日本完成这个计划。如果有这个计划的话，希望您一定要告诉我！"

默多克在孙正义的穷追不舍之下终于开了口："是的，您说得没错，我们是打算在日本建立电视传媒公司，也一定会找一些贵方的知名企业作为合伙人的。目前很多企业都向我发来了邀请，我还在仔细考虑之中。"

孙正义话锋一转，开始畅谈自己亲手建立起来的高科技企业软件银行公司和这家软件经销商的数字化梦想。

孙正义说："我的公司是在耗资 30 亿美元，在负债的情况下，用两年时间完成了企业收购的。这两年的时间花费了我不少的心血。我成为世界计算机行业展会的主办者和最强大的高技术杂志出版商，但是这也没什么可骄傲的。在我的规划之下，我旗下的软件银行公司正把大笔钱投入到未经验证但却大有可为的计算机互联网络的商业活动中，希望跃入数字传播的高技术天地。"

孙正义出色的口才让本就惊心动魄的商战越发吸引人，默多克也不禁听得入迷，这使得这次会面的气氛非常活跃。

在宴席接近尾声时，孙正义笑着对默多克说："你与之商谈的合伙人全不合适，你应该找我。我觉得以我的实力和经验，跟您合作才是最佳组合。"

可以说，这句话才是这次会面的真实目的，也算得上这番长篇大论的点睛之笔。不过，默多克却十分沉得住气，没有作肯定或否定的表示。这让孙正义有些琢磨不透默多克的态度，究竟这次会面是成是败，能否达到自己的目的呢？

事实上，从与孙正义的这番对话中，默多克已然了解了他的聪明才智，对于他执着地做生意的作风以及拒绝接受谋求一致、权力集中的日本公司管理方式，都让默多克非常钦佩和满意。

于是，就在会面的第二天上午，默多克把孙正义请到东京的海厄特花园饭店。孙正义知道，这位媒体大亨动心了，于是立刻驱车前往。

应该说，孙正义的公司是日本公司同时又是软件专业公司这一特点是最令默多克心动的，而孙正义本人又给默多克留下了良好的印象也是默多克选择他们公司的原因之一。因此，第二次在海厄特花园饭店里的会面则让孙正义轻松了不少。

默多克在详细询问了孙正义的计划及日本传媒界的情况之后，告诉孙正义，他特别欣赏孙的远见卓识，也说出他到日本来的真实想法，称他"对日本的报纸等传媒没有兴趣，但看好日本能与美国匹敌的电子通讯技术，盼望通过与日本的合作，能进入一个新的传播技术领域"。

经过双方诚恳的交谈，两人在合资领域达成了共识，一笔交易的轮廓便开始显现。

1996年6月初，默多克再次来到日本，与孙正义进行多次密谈，详细商讨合作细节及方案。在确定基本条件后，一切方案都在紧锣密鼓地进行着。但是，至此外界还是难以摸透默多克的真实想法。终于，揭开谜底的日子到来了。

1996年6月20日，在日本东京的一次记者招待会上，这对新搭档终于披露了他们的收购新闻，这无异于一颗重磅炸弹震惊了日本新闻媒介。

世界报业大王鲁伯特·默多克与日本软件银行公司联手，组成合资公司，他们各出资208.75亿日元，一举买下了日本朝日电视台21.4%的股票，成为这家日本著名民间电视台的最大股东。

在日本五大商业新闻网中，朝日电视台位列第四，这家评价很高的朝日电视台将用来为他俩各占50%股份的日本天际广播公司编排节目和搜集新闻。

很多外界人士担心，当默多克和孙正义成为最大股东后是否会影响朝日电视台节目内容，两人都表示说，他们关心的是新传播技术，对节目内容并无兴趣。

但即使如此，日本舆论还是引起了不小的骚动："日本广播电视的闭关锁国状态终于被打破了！默多克在继欧洲、美国之后，终于把触角伸到了日本。"

但实际上，客观来说，默多克与孙正义的联手对于日本媒体是有很大好处的。此前一段时期，日本电视市场已迅速实现现代化，也有了很多与世界接轨的最新发展。但与大部分发达国家已架设着高技术的云梯提供给家庭观众更多的频道、传送更多的可选择的节目相比，日本仍远远落后。

2006年，默多克入主日本的传媒公司之后，4家新的数字广播公司给日本观众带来了更多的频道。默多克所有的日本天际广播公司则可提供100多个频道的服务。这笔新的投资将更进一步完善日本的电视市场，促进日本高科技的进程。

不过，这两人的联手很可能标志着一个新的激烈竞争的开始。这并不单单指的是日本最优秀的新闻广播员或频道会在默多克旗下生存，而是因为日本电视界的许多公司很难打破这种联系，朝日电视台股份合同仅用了一两个月的时间就完成了这个壮举。

这种效率和速度对大部分日本商人的处事作风也是一个警告。对于卫星广播网，日本不是强人，但日本也不能理解像美国一样的有线电视。面对新传播技术的挑战，最感焦虑的是各个电视台。

自1989年以来，凭借艰苦卓绝的努力，日本国家电视台NHK以及5家主要地方电视台好容易站住了脚。但是，新的数字电视技术的兴起则有可能打破这种平衡。

日本的第一家数字传播电视台——完美电视台1996年秋天开始服务。提供船运、国外和商业新闻、音乐电视、韩语、葡萄牙语和西班牙语的外语节目。这一联手实际上是将了各日本民间电视台一军。

因此，对默多克等加入自己的事业朝日电视台表示"欢迎"，并希望默多克和软件银行公司的参与能促进朝日电视台在传播技术上的进步。

许多分析家预测，日本的4家新的数字广播公司在这场战争后将只有一家或两家生存。当然，这并不代表默多克就十拿九稳，毕竟他面对的压力是多方面的。更为重要的是，他必须能够生产日本的节目，又必须增加来自他的全球媒体帝国中其他公司的节目进口。

相比较而言，联手对于孙正义来说是最大的受益，因为他与默多克的联盟使他的势力得到了扩展，使他超越计算机相关业务进入多媒体和娱乐界，尝试在新的领域发挥才能，把软件银行公司发展成为日本数字信息工业的基础。可以说，日本是默多克在亚洲的起点，而他的下一步又会指向何方呢？

婚姻好像过山车

对于默多克来说，婚姻是波折中充满精彩片段的过程。

他生命中的截然不同的3个女人，让他领略到婚姻其实好像一座"过山车"，有高潮，有低谷，尽管内心惊悚得想要尖叫，但是它一直都不会因此呻吟。

早在1956年，刚刚接手新闻集团不久的默多克便有了第一次婚姻。新娘是帕特里夏·布克，这是一位金发碧眼的年轻漂亮的姑娘，曾经做过多年的空姐，又曾在阿德莱德的迈耶斯商场做过售货员。对于默多克的这次婚姻，他的家人非常担心，觉得这很大一部分是因为他的情感处在"混乱的荒原"状态所导致的。

确实，这次婚姻并没有放慢默多克的工作节奏，甚至小两口的蜜月也大部分是在视察他并购的资产中度过的。两年后，他们的女儿普鲁斯登出世了，这个女孩在默多克宽松的家庭中无拘无束地成长，一切似乎表明，这是一个幸福的家庭。

默多克扩张自己的新闻帝国的步伐并没有因为女儿的出生而放慢，随着他逐渐被公认为是澳大利亚具有全国影响力的人物，他的生活也开始发生了一些变化。

默多克过分忙于事业，他跟妻子和孩子在一起的时间越来越少。距离的疏远导致他和妻子之间的感情破裂，他们很快离婚了。

默多克的第二任妻子是安娜，她曾是默多克手下的编辑，他们还算是志同道合的伙伴。同他的第一次婚姻一样，工作狂的默多克在家里的时间很少，就是在这短短的时间里，他还总是要把谈话不时地提到生意上。

一旦感到话不投机，他会马上打断，随即抓起电话给分散在世界各地的办公室没完没了地打电话。性格外向的安娜喜欢外出与朋友聚会，这对于默多克来说却无异于浪费时间，他一向特别厌恶上流社会的交际和应酬。

即使安娜有时硬把默多克拉到剧场，他也常常是一副兴味索然的样子，或者冷不丁地冒出一句："我记得这个戏我们已经看过了吧？"

默多克也不是一个有耐心的父亲，即使在家，他也常是一副很淡漠的神情，以至于小时候的詹姆斯经常会问安娜："爸爸是不是耳朵聋了？"其实他只是不想听罢了。

有时默多克也会表现出顾家的一面，在他有时间的时候，他很愿意带孩子们去夏令营，冬天则和他们一起去滑雪。

孩子们渐渐地长大，他们开始有了自己独立的小空间。而默多克依旧把大量的时间花在全世界的奔波上，这让安娜开始有了强烈的孤独感。于是，她决定开始做一些自己的事情。

从20世纪70年代末开始，安娜开始学习神话学和文学，并且先后进入了福特汉姆大学和纽约大学学习。她参加了《泰晤士文学增刊》的前编辑约翰·格罗斯主持的文学课程,安娜想成为一名小说家。

对于安娜开始尝试写作的事情,默多克显然并没有放在心上,他对安娜的短篇小说《令人泄气》的评语让安娜很生气:"他不仅是我最好的朋友,我的丈夫,而且是我的一切。他竟然对我诚心诚意想做的事说出这样毫无裨益的话。他说的话令我感到屈辱。"

尽管没有丈夫的支持,安娜伤心之后还是继续着自己的努力,她决心在40岁之前,一定要写出一本书来。性格倔强的安娜一直都有着自己的抱负。年纪渐长的她依旧漂亮迷人,穿着雅致,冷静甚至有些害羞的神态常常会掩盖她那坚强的个性。

生活使她养成了不依赖他人的独立性格,也造就了她一贯尖锐的谈吐。终于,她成功如愿地出版了自己的第一部小说《按她自己的模样》。在这本书中,安娜描述了妇女生活以及她们生活在这个男人统治的世界所需要的勇气。在她的笔下,女人们个个充满生活的激情,而男人们则个个野心勃勃却又胆小如鼠,字里行间渗透了女权主义色彩。

早在书没有出版时,安娜就让默多克先看了自己写的书稿。他从头到尾读了这部书稿。默多克注意一件事情的时间历来很短,他能这样做已经让安娜心满意足了。

20世纪90年代初,默多克的新闻集团出现了严重的财政危机,那段时间,默多克简直处于疯狂状态,他对金融顾问们大声咆哮,对债权人连哄带骗,为了把自己辛苦一辈子创建的新闻帝国从绝境中挽救出来,他用上了所有能用的招数,原本每天几乎只有3个小时的睡眠这时更是少得可怜。

但对于安娜来说,这却是一个难得的好机会。安娜知道默多克喜欢航海，于是就找人造了一艘豪华游艇，然后说服默多克到海上散心。然而，默多克却只在这艘安娜辛苦准备的船上待了3天。在这船上的3天里，他手拿着电话的时间比拿钓鱼竿的时间要多得多，这让安娜失望透顶。

逐渐步入晚年的安娜对平静幸福生活的向往愈加强烈。她希望默多克能够多一些对已经取得的成绩的满足，能放慢不断奔波的步伐，希望默多克能更多地把她放在心上，多陪她过一个幸福的晚年。她甚至选择进入默多克所属企业的董事会，因为这样或许可以有更多的机会见到默多克。

很显然，默多克没有注意到安娜的失望和压力，或者说注意到了却做不到。不断地拓展自己的传媒帝国仍然是这时他所热衷的，在他的概念中似乎完全没有家庭观念。

即使迫于安娜的强烈要求而安排的家庭度假，他也总是一副心不在焉的样子，只顾与公司的负责人联络，安排讨论一个又一个的兼并计划，这让安娜感到特别扫兴。虽然加入了董事会，但安娜在那里并没有什么可以做的，长期以来，她一直是丈夫事业的局外人。

安娜对眼前的一切失望极了，她无法再忍受默多克对自己的忽视。终于，她忍无可忍，向默多克表示：要么他停下来，要么她离去。可能起初默多克以为，这只是平常的家庭琐事，但不久，他终于意识到，安娜这次是来真的了。

对改变默多克的生活态度彻底丧失信心的安娜，在1998年4月终于愤然提出了分居。经历了漫长的32年婚姻之后，他们还是分手了。

最有争议的妻子是香港籍的女人邓文迪，她比默多克小了30

多岁，但是，她是很聪明的女人，她家境一般，凭借自己的能力，认识了一位美国人，并且在他的帮助下在美国完成了学业。嫁到美国之后，她和第一任丈夫离婚后，取得了美国绿卡。

自1995年起，默多克对进军小国市场的速度缓慢十分不满。决策者们开始意识到，要想在高度敏感的中国传媒市场有所作为，必须要有一批西方教育背景的亚洲面孔不可。

因此，那些在哈佛、耶鲁等名校得到硕士、博士学位的中国内地留学生无疑成了最佳人选。而卫视的那些经理层人物，尤其是一些澳洲籍的经理更不适应开拓中国市场的需要。他们认为，由中国面孔的人出面打交道会少很多麻烦。

因此，总部决定起用一批从哈佛、耶鲁等名校出来的MBA亚洲精英，邓文迪恰逢其时，成为其中的一员。

邓文迪在卫视的表现相当出色，她似乎每时每刻都充满了工作热情，并且能力很强，工作很勤奋。连吃午饭都不忘工作，在吃午饭的时间，她还不停地谈着卫星节目编排和有线电视业务，因此被同事们称为"工作狂"。

邓文迪特别注意与高层管理人员的关系，因此，没多久她就转正成了卫视的正式职员，独当一面地负责起一个与中国有关的业务项目，并且在计划星空卫视在中国活动中也发挥了积极作用。

邓文迪的团队合作能力是无懈可击的。她非常善于把新闻集团通常独立运营的不同部门之间的利益协调起来。她经常会毫不犹豫地、不声不响地走进高级执行官的办公室，同他们讨论她刚刚见到的中国企业家或她联系到的政府官员。

在一次默多克来总部视察的活动中，公司在酒店举行了盛大的鸡尾酒会。就是在这里，邓文迪和默多克第一次见面了。初次见面，邓文迪巧妙地利用女人的优势，引起了这位被认为脾气越来越暴躁、越来越刚愎自用的老板的注意，两人甚至还交谈很长时间，这让几位在场的卫视高层雇员不得不为之惊叹。

因为近来他们发现，谁都很难让默多克专注地谈话，而邓文迪居然能够第一次就让他谈了这么长时间。

谁都没有想到，这竟然是两人忘年恋的开始。之前，因为邓文迪与卫视的负责人加瑞·戴维德关系甚密，大家都以为她是在追求这位顶头上司。随着默多克在香港的停留时间越来越长，邓文迪与他的恋情也基本上公开了，这让她的同事们和卫视的高级经理人员大吃一惊，他们做梦也没有想到，邓文迪的"志向"竟然这么高。

一位前任高级管理人员说："我们都以为她追求的是戴维德，想不到她的眼光显然更高。"

1998年6月，美国总统访问中国，默多克也随团来到北京，而邓文迪则作为他的私人翻译出现在旁边。

当《泰晤士报》记者詹姆斯·布瑞格在北京的家中举行鸡尾酒会时，两人已经半公开地表明了相互之间的亲密关系，身着紧身米色牛仔裤、紧身上装的邓文迪始终伴随在默多克身边，而这时，她的名片上印的已经是卫视的"商业发展部经理"。

这次中国之行，邓文迪陪着默多克在中国走了不少地方，之后不久，默多克以加快中国市场的进展为由，将驻京代表撤回悉尼，而改派澳洲的中国问题专家劳瑞斯·史密斯驻京。

大家纷纷猜测，默多克在中国市场方面已经非常听信邓文迪了。1998年9月，邓文迪被提拔为卫视的副主席，主管对中国市场的销售和发展事务。

1999年6月25日傍晚，纽约曼哈顿哈德逊西岸59号切尔西码头,一辆辆高级轿车陆续抵达这里。默多克和邓文迪的婚礼即将在这里举行。

"灿烂清晨"号成为这次新婚大典之所,这艘白色的游艇布置得简单朴素。在莫扎特的优雅音乐声中,身穿白色衬衣、深色西装,打着浅蓝色领带的默多克喜气洋洋,笑吟吟地跟客人打着招呼,身穿奶油色丝缎礼服的新娘也春风满面地穿梭在宾客当中。

婚礼的整个过程都是在高度保密的情况下进行的。婚礼没有邀请任何媒体参加,只有82名至交亲朋参加了这场私人仪式。为了防止受到意外骚扰,默多克甚至还把两位纽约警察局的警官请过来坐镇。

后来,邓文迪大部分时间都待在她与默多克位于纽约苏豪街区的价值700万美元的公寓里。她婚前是默多克集团处理卫星电视事务的负责人,婚后她仍在帮助默多克打理生意,但却不会再为默多克的公司工作。

长子拉克兰辞职

默多克有众多子女，拉克兰·默多克，尽管身为世界报业大王鲁伯特·默多克的长子，但真正让他走入大众视线的却并不是他"新闻集团主席职位继承人"的角色，而是他于2005年7月29日辞去这一职位的举动。

在辞职之前，拉克兰的人生可以说是风生水起。

2004年12月9日，拉克兰打着黑领带，庄严地站在纽约的一家大饭店镀金的领奖台上，代表204岁的《纽约邮报》，接受年度"纽约突出贡献奖"。台下坐着包括洛克菲勒家族等商业大亨以及纽约市市长布隆伯格等政界要人。

2005年4月，拉克兰又因为在新闻集团所作的突出贡献被戛纳电影节评为"年度传媒人物"。

2005年，新闻集团董事会决定将其本年的工资和奖金增加至380万美元，比前一年上涨了120万美元。

辞职之前，拉克兰管理着新闻集团2/3的资产；而自毕业后，拉克兰一直是父亲公司的雇员，没有人怀疑他目前职位的合法性。

再加上拉克兰辞职前夕在媒体上的高调露面，这一次拉克兰的辞职显得扑朔迷离。

是什么令他痛下决心放弃了新闻集团？他在这里有着曾被《纽约时报》称为"世界上最强大的媒体公司"的梦幻职位！有关拉克兰的辞职原因，外界众说纷纭。

英国《卫报》认为，拉克兰辞职是为了退让詹姆斯的锋芒。在詹姆斯还是个十多岁的毛头小伙时，就有观察家认为他是默多克的孩子中个性最像他们父亲的一个，而且可能是将来事业最成功的一个。

部分相关人士认为，拉克兰辞职是为了保住面子。现任英国星空电视台首席执行官的詹姆斯业绩出色，但拉克兰却显得默默无闻。新闻集团很有可能最终由詹姆斯接手，拉克兰不希望出现被弟弟赶超的尴尬局面，因此决定在继承问题明朗之前辞职。

詹姆斯小时候叛逆放荡，被称为"默多克家族"的败家子。后来，詹姆斯回到父亲怀抱，随后的巨大改变却让外界刮目相看。老默多克曾经多次向媒体暗示，在他还在世的这段时间内，两个儿子会分享新闻集团的领导权。

默多克曾经奉行长子至上原则，打算要把拉克兰扶上第一把交椅。不过，詹姆斯在亚洲市场的表现非常出色。老默多克欣慰之余，对于究竟传位给谁，心里有些摇摆不定。

在这场家族纠纷中，体现着所有豪门家庭恩怨的特点。默多克和邓文迪所生的两个小女儿一来到这个世界，就不可避免地卷入到与哥哥姐姐的遗产争夺战中。

争夺的焦点,是谁将继承价值60亿美元的家族财产,以及接替默多克出任新闻集团的首席执行官?是按照默多克和安娜离婚时的协议,大权由4个年长的子女掌控,还是邓文迪所生的两个女儿也有一杯羹呢?

自从邓文迪为默多克生下两个女儿之后,邓文迪与默多克就想修改原定的关于公司的股权安排,因而又引发了一场纷争。邓文迪和默多克希望他们的两个小女儿格蕾斯和克罗伊也获得任命信托公司主管的权力,也就是让两个小女儿在一定程度上也可以控制公司。

默多克曾经通过发言人说,这个决定完全是出于他自己的想法。

默多克的这一决定让4个子女十分失望。他们认为,默多克毁坏了和安娜离婚时的承诺:将托管的财产留给他们。他们在这个问题上格外敏感,因为当初安娜答应放弃自己本该享有的更大部分财产,方才让默多克同意上述的财产托管安排的。

一直以来,拉克兰试着和父亲讨论这个问题,而讨论也终于有了结果:拉克兰宣布辞职。也就是说,问题依然没有得到解决。

在辞职宣言中,拉克兰这样说道:"今天我辞去在新闻集团的管理职务。我期待与我的妻子莎拉和儿子克兰在近期回到澳大利亚的家。我感谢父亲在我的事业和人生道路上给予的所有教诲,我将把这些知识应用到下一阶段的职业生涯中去。"

然而,根据拉克兰与新闻集团签订的离职协议中的非竞争性条款,他至少两年内不能涉足甚至投资媒体行业。

当然，他不会白白牺牲，新闻集团向他支付了900多万美元的离职金。非竞争性条款禁止他在那些与新闻集团直接或间接展开竞争的公司担任董事、经理或顾问的职务。

这次来自家庭内部，而非那些宿敌们的冲击，让默多克的权威第一次受到了威胁。他对长子的突然决定非常伤心，并表示对他的子女"一视同仁"。他还说："我期待拉克兰回归公司的那一天。"

叛逆儿子詹姆斯

詹姆斯是默多克众多子女中最像自己的一个，他是很有主见的人，他也不屑生活在父亲的光环之下。

在1989年的爱丁堡国际电视节上，鲁伯特·默多克发表了著名的"麦克塔格特"演讲。他对多频道广播的影响进行了大胆预测，同时还抨击了控制着电视产业的那些"狭隘精英"。

20年之后的2009年9月，老默多克的儿子詹姆斯·默多克同样在爱丁堡国际电视节上发表了"麦克塔格特"演讲。

詹姆斯的演讲同样引起了很大的轰动，这不仅是因为其父老默多克20年前选择了同一个平台抨击政府对媒体产业的干涉，小默多克还对竞争对手英国广播公司的盲目发展、忽视新闻报道标准、漠视竞争对手加以谴责。这位最有可能成为默多克传媒帝国的继承人的人，虽然名声在外，不过人们对他的底细却知之甚少。

1972年12月，詹姆斯在英国温布尔敦的一家私人医院诞生。然而，他的出生并没有挽回母亲安娜和老默多克之间日益紧张的关系。詹姆斯·默多克不得不习惯在父母亲的争吵声和冷战中成长。

1972年，对老默多克来说，更大的眼前的成就是来自于职业的拓展，他在这一年拿下了《世界新闻报》和《太阳报》，他在那个时候还远不能想象这个啼哭的婴儿，有朝一日可能会成为他整个传媒帝国的接班人。

詹姆斯家世显赫，又高大英俊，长得好像现在的英国王子威廉一样。幸好默多克家族主要在美国生活，他可以逃避英联邦国家出名难缠的小报记者。

詹姆斯·默多克的少年时代波澜不惊，唯一一次"出风头"是在15岁。那一年，他被老默多克安排到新闻集团所属的《悉尼每日镜报》实习。几天后，他的照片就上了同城竞争对手《悉尼每日先驱报》的头条："新闻集团的太子爷受采访时竟然在新闻发布会上呼呼地睡着了。"

中学毕业后，詹姆斯来到了哈佛，主修电影和历史专业，为此还和老默多克吵了几次。据说他在进入大学之前曾经很希望好好研读历史，有过计划在罗马从事考古的疯狂理想。

这时候的詹姆斯开始真正显露出作为家族叛逆者的才华。詹姆斯在哈佛的头号目标就是抹去一切关于"默多克"的痕迹，他有意不告诉别人自己的身份，只用"詹姆斯"在外厮混。

他蓄起了胡子，把继承父亲的黑色头发染成金黄，眉毛上还戴环，身上刻着两块难以去除的文身，骑着摩托车追随迷幻摇滚乐队全美巡演……一切的一切都让他更像是20世纪60年代的嬉皮士，而非名门之后。

詹姆斯的胡作非为显得和他的两个已经成为默多克家族企业主力的哥哥姐姐格格不入，不过如果就此认为詹姆斯就是一个放浪不羁的纨绔子弟，那将大错特错。詹姆斯的勤奋甚至让周围的朋友感到诧异，只是他的怪异行为被媒体过分夸大，使身边的人忽视了詹姆斯的聪颖的天资。

默多克家族很担心这个异类会让家族蒙羞，母亲安娜找来心理分析师，得出的结论多少让老默多克哭笑不得：詹姆斯所做的全部工作，无非是"弑父情结"作祟。他渴望抹杀庞大的家族，主要是父亲，施加在生活上的浓重阴影。没有什么大问题，只是有些叛逆，一生纵横商场的默多克也只有黯然选择了随他而去。

就在他的哥哥拉克兰和姐姐伊丽莎白先后成为默多克家族企业的主力时，詹姆斯却沉醉于参与哈佛校园的一本地下刊物讽刺的创作，并负责创意和漫画。

这份1876年创刊的校刊，让詹姆斯把聪明才智充分发挥出来，他的创意总是出人意料，而画的漫画简直就是今天流行"动漫"的前身，很为年轻人喜爱。

他的勤奋好学、天资聪颖，甚至让周围的朋友感到诧异。他的大学同学麦克·罗波尔回忆起大学时的詹姆斯称："他在学校的成绩很不错，当开始绘画、建筑这些专业的课程时，詹姆斯表现出了令人难以置信的天赋，他有许多的文艺理论的积累，很显然那些不是学校教给他的。"

而他灵活的创意也在那些讽刺漫画中体现得淋漓尽致，变成了这份刊物的拳头产品之一。

詹姆斯22岁时，最终忍受不了哈佛僵硬矫情的教育体制，在仅差一年就能拿到学位时，为了实现自己的音乐理想，成绩优秀的詹姆斯违背父亲的意愿，逃离了无数人梦寐以求的哈佛，和另外两个同学创办了劳克斯娱乐有限公司，专门制作嘻哈音乐唱片。还计划发行10张激光唱盘，并与一些"大腕"签约。

当时的詹姆斯几乎整夜不停地抽着万宝路香烟,流连于夜总会寻欢作乐。那时,脏话连篇的詹姆斯甚至因为在接受 GQ 杂志访问时肆意谩骂他人而受到母亲安娜的严惩。

詹姆斯也希望将来能够加入新闻集团,但詹姆斯说他一直不愿意"在父亲的阴影下工作"。他曾为他父亲在悉尼的一份报纸工作了一个暑假,但最后他说:"每个人都知道我是谁,我不想再干下去了。"

直至现在,詹姆斯还不时展示他任性的一面。最近,默多克同意拍摄一部关于其家族的纪录片,詹姆斯是唯一的拒绝参加的人。星空卫视的现任主管评价:"参加纪录片的拍摄并不是什么特别要紧的事,但他是唯一一个没有参加的人。这让有些人皱起了眉头。"

随着岁月的流逝,叛逆的詹姆斯逐渐成熟起来。也许是与凯瑟琳的婚姻改变了他。凯瑟琳在俄勒冈长大,做过模特和销售主管。

现在,她和詹姆斯还有两个孩子和两条狗一起居住在伦敦。但对詹姆斯改变最大的,还是他逐渐地融入了父亲的新闻集团。

詹姆斯意气风发的创业很快就以老套的结局收尾。1996 年,劳克斯娱乐有限公司以 250 万美元被收购,掏钱的正是詹姆斯的父亲老默多克。

"Pawkus"今天仍是美国有影响力的 hip-hop 音乐品牌,这笔功劳显然不能仅仅归在詹姆斯的名下。

关于詹姆斯的音乐公司的真实情况有两种说法,一种说法是一年内就取得不俗的盈利;另一种说法则是它面临着巨大的财务危机。不管怎样,至少有一点可以肯定,这肯定是新闻集团历史上最微不足道的产业之一。

詹姆斯当年公司的员工的说法或许更接近事实的真实面貌:

"我记得当时我走进办公室,不得不自己寻找和清理桌椅,许多人希望签约我们这里,大概只是看中了默多克这个传奇的姓氏。"

为了让儿子彻底臣服,老谋深算的父亲还投其所好地让詹姆斯担任新闻集团数字媒体部经理,并负责 FOX 电视台的各种网络开发和建设。

詹姆斯把哈佛讽刺刊物寓讽刺于娱乐中,图文并茂的风格移植到屏幕和网络上,取得了很不错的业绩。这对之前对他不屑一顾的人们来说,绝对是一个惊喜。

1996 年 11 月初,詹姆斯被任命为新闻集团的副总裁,负责音乐和新闻媒体的工作,并领导一个与日本明星合资的企业,开始开拓亚洲大部分激光唱盘市场。他被期望去默多克的美国空中卫星服务,创建他们自己的音乐电视网,以成为美国的音乐电视网中新的竞争者,向其他公司提出挑战。

进入新闻集团后,詹姆斯身上的默多克基因开始慢慢地展现出来,甚至连老爸的刻薄嘲讽都学得惟妙惟肖。

2000 年,詹姆斯参加爱丁堡的一个电视节时,面对铺天盖地的宣传,他直言不讳地说:"如果我要再看什么关于'数字时代的生存'或者'新经济的新现实'这类盲目扯淡的文章,我就一枪崩了自己。"

英国媒体不禁惊呼:又一个默多克出现了!

副手担任接班人

默多克在1999年7月6日十分出人意料地宣布，公司未来总裁将由他的副手彼得·彻宁接替。

之所以指定彼得作为他的接班人，其主要目的之一就是安抚公司的其他股东，因为股东们一直担心默多克把公司变成他的家庭世袭领地。在经历了近200年商业精神的洗礼之后，整个社会越来越坚信家族应当和生意分开。

华尔街一位证券分析人士说："华尔街通常对这类公司的一举一动都很敏感。"

他们极度担心在商业社会的博弈运动中，家族企业会像封建王朝的君主一样，把不合适的儿子放到领导者的位置上，从而使家族利益压倒商业利益，使股东利益受损。这种戒备甚至在家族企业转变为公众公司后依然无法释然。毫无疑问，默多克此举，符合当今世界经济发展的潮流。

公司的副手彼得利用几年的时间运用创造性的经营方式帮助默多克把战线拖得过长、比较分散的新闻集团的业务做得高度集中和一体化，从而受到包括默多克先生在内的新闻集团上上下下的高度好评。

作为20世纪福克斯公司的总裁，他大刀阔斧地对制片公司进行了改革。是他亲自批准投巨资拍摄《泰坦尼克号》的，结果这部影片获得巨大的票房成功，在2012年重新制作成3D电影，在中国上映一周，就为他们赚了4亿多的票房收入。

就在几年前，彼得说服默多克以7000万美元签下了好莱坞最具有盛名的作家以及制片人，最后的事实表明，这一卓有远见的建议给集团带来了极大的利润。

现今，这两位电影剧本作家已变成福克斯制片公司获取利润的台柱，财源随之滚滚而来。

《泰坦尼克号》影片的导演詹姆斯·卡梅隆在谈到彼得时说，"他受过良好的教育，懂人情世故，而且富有幽默感，他能使影片的拍摄达到预期的效果"。

卡梅隆尤其提到泰坦尼克富有创造性地建立了宏大的电子导演的工程，也就是把新闻集团的众多客户按不同的需求排起顺序来，从剧院连锁店到20世纪福克斯影片的租借直至新闻集团拥有的电视导读订购者逐一进行分类，并把它们有机地结合在一起，使其成为相互影响的产业发展的基础。

彼得先生还把公司业务向华尔街推进，赢得了投资者的阵阵喝彩声。就在伦敦豪华的皇家曼彻斯特饭店所举办的新闻发布会上，他告诉投资者，仅一小部分重新上映的片子收入在以后几年中就会带来15亿美元的利润。另外，彼得还以极具吸引力的形象积极帮助默多克在欧洲扩展公司的业务。

在2000年之后，虽然默多克报业帝国面临着不曾有过的挑战，不过新闻集团的业务依然呈上升趋势。彼得·彻宁领导的20世纪福克斯制作了一系列称雄全球的影片和电视节目，在全美10部经久不衰的影片中就有6部。另外，新闻集团还向全球5大洲传送卫星电视节目、电视频道和广播节目。

难怪默多克会说："彼得值得人们的注意。"他说，"彼得一直在显示自己是一位具有极强能力的领导人和家族的经理。"

长时间以来，彼得·彻宁一直跟随着传媒大王默多克对人生进行赌博。俗话说，"伴君如伴虎"，不过彼得凭借自己的聪明才智深得默多克的信任，他所付出的辛苦劳动终于获得了回报。

彼得·彻宁说："我也许拥有世界上最好的工作。我要控制全世界都能看到的电影，还有杂志、电视频道、因特网业务以及电视商务等。还有什么能比这些更有趣呢？"

对于彼得·彻宁以及新闻集团而言，最大的疑问是这种乐趣到底能够持续多长时间？不管他怎样刻意塑造默多克之后总裁的形象，都会在逼近报业王国权力顶峰的途中遭遇默多克家族的任何一位成员的挑战。

默多克说，他的孩子们要"比彼得年轻20岁，因此对每一个人来说都有足够的时间"。

彼得则表示，"这并不是个大交易"。彼得心里很明白，默多克先生一直有意让自己的孩子最终掌管他的报业帝国。

如果成为默多克真正的接班人，华尔街的投资者们一定会觉得很欣慰。因为，他们从来都对"腐朽的世袭制"没什么好感，他们一直希望默多克能淡化自身的家族性企业色彩。

老默多克虽然在数年前也曾表示过"彼得是新闻集团接班人的合适人选",不过外界仍普遍认为彼得没有太大的执掌大权的可能性。

老默多克是一个有帝国野心的家伙,一直以来,他都希望自己的孩子能继承衣钵,他说:"我认为让自己的孩子把事业发扬光大是非常合乎人性的事情。"

目前,老默多克没有就此发表任何看法,只说这一切都是董事会的事。英国《泰晤士报》的一篇文章认为,彼得将扮演过渡掌门人的角色,一直等到默多克家族的继承人做好接班的准备为止。

2009年2月22日晚,位于好莱坞星光大道的柯达剧院群星聚集,这个地方正在举行一年一度的奥斯卡颁奖典礼。

当晚最大的赢家就是新闻集团旗下福克斯电影娱乐公司负责发行的《贫民百万富翁》,一举将最佳导演、最佳影片在内的8项奥斯卡奖收入囊中。

颁奖台下,福克斯老板、新闻集团总裁兼首席运营官彼得·彻宁笑容满面,在之后的庆功会上,他还主动要求担当副手主持人。

然而,奥斯卡的红地毯刚收起才没多久,第二天,2月23日,新闻集团的总裁兼首席运营官彼得·彻宁郑重宣布,将于6月30日合同期满后离职。作为新闻集团的第二号人物的他一度是集团董事会主席默多克最佳的得力助手,也是在默多克身边待得最久的外姓高管。

这一消息一经发出,立刻成了美国各大媒体商业版的头条,与娱乐版春风得意的"贫民富翁"形成有趣的呼应。

很多业内人士认为,这一举动是默多克为了顺利给子女交班而铺路,而他的次子、负责新闻集团亚洲和欧洲业务的詹姆斯·默多克得到的呼声最高。

彼得·彻宁在致福克斯员工的内部备忘录上这样写道:"我作出这个决定确实很难,自从加盟新闻集团以来,我在如今这个职位上干了12年,在企业里一共干了30年。现在,我准备迎接新的挑战。"

大权会花落谁家

默多克的新闻集团,是传媒界的巨头,这样的一个庞然大物不会随着默多克的离开而消失。

究竟谁才是新闻集团的"掌门人",人们对此总是议论纷纷。因为这个"掌门人"将会决定新闻集团未来的命运。

在新闻传媒集团的接班人彼得·彻宁宣布离职之后,人们开始猜测这个庞大的传媒帝国在"后默多克时代"将何去何从?

传媒大王默多克亿万家财日后如何分配,一直是人们瞩目的焦点。时下,这个谜底似乎正在慢慢揭开。

2007年2月4日,据澳大利亚《悉尼先驱晨报》报道,年届76岁的默多克刚刚送给6个子女每人价值约1亿美元的"默多克新闻公司"的股票。

报道称,据该公司发言人安德鲁·布彻3日宣布,默多克的家族信托基金向包括他的两个小女儿在内的每个子女赠送了约440万元表决权股份,5岁的格蕾斯和3岁的克罗伊的股份暂由信托公司保管。

布彻还特别强调，默多克的每个子女都得到了相同的股份，此次分配是家族财产计划的一部分。

尽管此次共授予 6 名子女 2620 万股股票，但默多克仍持有 3400 万股非投票权股票，价值 8 亿美元。此外，默多克还拥有 3 亿股具有投票权的 B 股股票，价值 73 亿美元。

这是默多克首次对财产分配做出如此大的动作，澳大利亚联邦证券首席经济学家克雷格·詹姆斯说，赠予股份对他的子女也许是一次考验，"他可以借此发现哪个是能将其遗产发扬光大的人"。

2007 年至今的种种迹象表明，默多克似乎已经找准了自己的继承人，他就是二儿子詹姆斯，似乎只有他才是一个能将其遗产发扬光大的人。

2007 年 6 月初，当默多克与班克劳夫家族终于坐在谈判桌前讨论其出资 50 亿美元收购道琼斯公司一事时，默多克就意识到这次谈判不会一帆风顺。因为控制道琼斯公司的班克劳夫家族以前曾公开表示，他们担心默多克会过多地干预其所珍视的《华尔街日报》。

但鉴于班克劳夫家族以前曾明确拒绝过默多克的收购提议，这次他们同意进行谈判可谓是一个积极信号。不过，默多克仍需说服他们，令其相信自己收购道琼斯的目的是光明磊落的。

因此，身为新闻集团总裁的默多克和 34 岁的儿子詹姆斯一同出席这次谈判，希望他能消除班克劳夫家族的担忧。詹姆斯亲昵地称呼父亲为"老爸"，他在谈判时就坐在父亲的右侧。默多克家族年轻一代的形象有助于吸引班克劳夫家族的注意，进而消除他们的担忧。

2008 年 8 月，新闻集团成功地收购道琼斯，这次谈判是詹姆斯成为父亲心腹人物之一的标志性事件。

2007年12月6日,詹姆斯开着一辆白色丰田普锐斯悄悄地来到伦敦上流社区酒店。在酒店舞会厅里,正举行着一场英国商业领袖聚会。置身于一群亿万富豪和商界巨子中,相貌英俊的詹姆斯低调得近乎沉闷。他依然像往常那样喝着矿泉水,小口地咀嚼甜点,低声与朋友聊着他最新的环保举动。

两天后,坐在纽约新闻集团总部的鲁伯特·默多克宣布了一项让全世界为之震惊的人事任命,刚满34岁的詹姆斯出人意料地被破格提拔为新闻集团欧亚业务董事长兼首席执行官。这一任命也揭开了新闻集团的最大悬念。看来,詹姆斯将成为这个全球媒体帝国的法定继承人。

据消息人士透露,34岁的詹姆士将辞去目前担任的英国星空广播公司的职务,转任该公司的非执行董事局主席。而英国星空广播公司的首席财务官杰里米·达罗奇将接任他的职务。

作为新闻集团欧洲和亚洲分部的主席和首席执行官,詹姆斯将继续留在伦敦,掌管亚洲卫星电视运营商和意大利的新闻集团的国际广播、出版和网络业务,其中包括英国《泰晤士报》和《太阳报》、亚洲卫星电视运营商星空传媒,以及意大利卫星电视等。

默多克的这一任命,是对詹姆斯委以重任,意味着在默多克有朝一日宣布退休之后,詹姆斯将顺理成章地接替父亲出任新闻集团的主席和首席执行官。

美林证券分析师科恩认为,詹姆斯将成为他父亲理所当然的继承人。有新闻集团的高层认为,默多克可能会在"5年至10年之内"退休,正式把其一手打造的传媒帝国交给詹姆斯接管。

安德鲁·尼尔说:"从默多克希望建立家族王朝的野心来看,詹姆斯很有可能成为接班人,虽然默多克支配着新闻集团,但还有其他大股东。默多克退位后，詹姆斯并不一定能顺理成章地替补上位。"

年轻赋予了詹姆斯更敏感的职业触觉，这对于媒体这个日新月异的行业来说是至关重要的，这也是老默多克重用詹姆斯的原因。詹姆斯使父亲认识到了网络世界的重要性。

在2005年的一个演讲中，默多克告诫报刊的编辑们，要准备迎接网络时代，"否则就会碌碌无为"。3个月之后，新闻集团用5.8亿美元收购了社交网站MySpace.com。

詹姆斯本人在"MySpace"上拥有个人主页，而这次收购正是默多克和詹姆斯商议后的决定。当其他公司还只在口头上宣扬环境保护的益处时，詹姆斯已经开始敦促父亲把新闻集团打造成一家"绿色环保企业"。

经历了一个漫长的青春期后，詹姆斯终于不断走向权力高峰的顶点。他下一个可能的职位，将是这个媒体帝国的真正的掌门人。

附：年　谱

1931年3月11日，默多克出生在澳大利亚的墨尔本。

1941年，10岁的默多克被送到寄宿的基隆语法学校。

1949年，默多克在澳大利亚的《墨尔本先驱报》当过一段时间的实习生。

1960年，默多克收购了珀斯《星期日时报》、阿德莱德第九频道、女性杂志 NewIdea 的大部分股权。

1964年，默多克出版了第一份完全由自己创建的报纸《澳大利亚人报》。新闻有限公司收购了新西兰最大的媒体集团威灵顿出版公司的股票。

1969年，默多克打败了捷克裔传媒大亨罗伯特·马克斯韦尔，成功获得《世界新闻报》。

1972年，新闻有限公司开始了自己在美国的收购征程，先后从美国媒体巨头哈特·汉克斯手中收购圣·安东尼奥《快报》和圣·安东尼奥《新闻》。

1974年，新闻有限公司推出了自己的一份在超市销售的八卦周刊《星报》。

1976年，新闻有限公司收购了《纽约邮报》。

1977年，新闻有限公司收购了《乡村之声》《波士顿先驱报》。

1980年，新闻有限公司更名为新闻集团。

1981年，默多克从加拿大汤姆逊家族手中收购《泰晤士报》和《星期日泰晤士报》。

1982年，《纽约邮报》刊发了著名的头条新闻"裸胸酒吧惊现无头女尸"，这一举动迅速成为当时大众流行文化的一个重要组成部分。

1983年，新闻集团以9000万美元的价格收购了《芝加哥太阳时报》。在英国收购了Sky Network。

1984年，新闻集团将圣·安东尼奥《快报》和圣·安东尼奥《新闻》两家报纸合并为圣·安东尼奥《快报新闻》。

1985年，新闻集团以5500万美元的价格出售了《乡村之声》。

1985年3月，新闻集团宣布将以2.5亿美元的价格收购20世纪福克斯电影公司50%的股份。

1985年10月9日，新闻集团宣布将建立美国第四家全国性电视网。

1986年，新闻集团以1.45亿美元的价格出售了《芝加哥太阳时报》。

1986年10月6日，福克斯电视网正式开播。

1988年，新闻集团以近30亿美元收购了媒体公司三角出版。在美国政府的重压之下，默多克被迫出售《纽约邮报》。

1989年，新闻集团在英国开播星空卫视。《辛普森一家》开始首播。

1990年，新闻集团将《星报》出售给《国家问询者报》的母公司。

1993年，新闻集团以接近5.25亿美元的价格收购了星空卫视的大部分股份。新闻集团将合并之后的圣·安东尼奥《快报新闻》出售。默多克设法说服了联邦通讯委员会，从而获准再次收购《纽约邮报》，并允许新闻集团同时拥有《纽约邮报》、纽约电视台和福克斯下属的WNYW电视台。

1994年秋季，福克斯开始播放NFC橄榄球节目。新闻集团出售《波士顿先驱报》。

1996年，新闻集团宣布开播福克斯新闻频道。

1997年，新闻集团宣布将收购DISH广播网运营商EchoStar通讯公司40%的股份。新闻集团的儿童频道以19亿美元的价格收购了国际家庭娱乐公司。

1997年7月，时代华纳同意播放福克斯新闻频道。《携子成婚》首播。

1998年，新闻集团下属福克斯集团出价3.11亿美元从欧麦丽家族手中收购了洛杉矶道奇垒球队。

新闻集团以20亿美元的价格将《电视指南》出售给美国顶级互动公司联合视频卫星集团。

哈珀·柯林斯封杀了一直对中国政府大加批评的前任港督彭定康的自传。

1998年9月，BSkyB宣布准备出资10亿美元收购曼联队。

1999年，新闻集团收购了Premiere母公司KirchMedia的部分股份。新闻集团收购了创办于以色列的科技公司NDS 72%的股份。默多克迎娶了比自己年轻39岁的妻子邓文迪。

2000年9月，新闻集团和马龙的自由媒体达成协议，将自由媒体在Gemstar-TV Guide的大部分股份转让给新闻集团。

2001年，新闻集团将福克斯全球家庭公司以52亿美元的价格出售给迪士尼公司。

2002年，《美国偶像》在福克斯首播。

2003年，新闻集团购买了美国卫星电视公司direct的大笔股份。

2004年9月，新闻集团从意大利电信手中收购了意大利天空台19.9%的股份。

2004年10月6日，新闻集团总部转移到美国。出售洛杉矶道奇队。

2005年6月，意大利天空台自成立以来第一次开始盈利。

2005年7月15日，新闻集团宣布组建旗下的福克斯互动媒体部门，简称为FIM。

2005年7月，新闻集团宣布斥资5.8亿美元收购MySpace的母公司Intermix Media。

2006年2月，新闻集团宣布将组建MyNetworkTV。

2006年12月22日，新闻集团和自由媒体宣布，自由媒体将把其在新闻集团的全部投资归还新闻集团，作为回报，新闻集团将付给自由媒体direct 38%的股份、福克斯的三家地区性体育频道，以及5.55亿美元现金。

2007年5月1日，新闻集团宣布斥资50亿美元收购《华尔街日报》母公司道琼斯集团。

2007年5月，收购了两家在线图片和视频分享网站Photobucket和Flektor。

2007年7月31日，新闻集团和道琼斯发布新闻公告，宣布两家公司已经达成确定性合并协议。

2007年7月，电影《辛普森一家》公开面市。

2007年12月，新闻集团收购了专门以宗教信仰和精神世界为主题的网站 Beliefnet。

2008年1月，新闻集团进军德国市场，斥资约4.23亿美元收购德国及奥地利最大的有线电视运营商 Premiere AG 14.6%的股份。

新闻集团将自己在 NDS 的股份缩减至49%，以17亿美元的价格将其余股份出售给英国私募基金公司 Permira。